深度探索 大金字塔

起源、结构与建造方式

THE GREAT PYRAMID

2590 BC onwards

［法］弗兰克·莫尼耶（Franck Monnier）
［英］戴维·莱特博迪（David Lightbody） 著

张妍杰 译

人 民 邮 电 出 版 社

北 京

图书在版编目（CIP）数据

深度探索大金字塔：起源、结构与建造方式 /（法）弗兰克·莫尼耶著；（英）戴维·莱特博迪著；张妍杰译. -- 北京：人民邮电出版社，2022.2
ISBN 978-7-115-57596-8

Ⅰ．①深… Ⅱ．①弗… ②戴… ③张… Ⅲ．①金字塔—通俗读物 Ⅳ．①K941.17-49

中国版本图书馆CIP数据核字(2021)第202739号

◆ 著　　［法］弗兰克·莫尼耶（Franck Monnier）
　　　　［英］戴维·莱特博迪（David Lightbody）
　　译　　张妍杰
　　责任编辑　李媛媛
　　责任印制　王　郁　陈　犇
◆ 人民邮电出版社出版发行　　北京市丰台区成寿寺路 11 号
　　邮编　100164　　电子邮件　315@ptpress.com.cn
　　网址　https://www.ptpress.com.cn
　　北京瑞禾彩色印刷有限公司印刷
◆ 开本：787×1092　1/16
　　印张：12.5　　　　　　　　2022 年 2 月第 1 版
　　字数：310 千字　　　　　　2022 年 2 月北京第 1 次印刷
　　著作权合同登记号　图字：01-2019-2396 号

定价：99.90 元
读者服务热线：(010)81055410　印装质量热线：(010)81055316
反盗版热线：(010)81055315
广告经营许可证：京东市监广登字 20170147 号

译者序

一直以来金字塔似乎都是"神秘"的代名词，关于它的种种未解之谜或者与外星科技的联系总能吸引读者的眼球。的确，金字塔科幻性的外观、庞大的体积让人瞩目，尤其是它诞生于公元前2 950年前，即人们通常认为的蒙昧时代，那时，古埃及人就已经开始向世界纪录冲锋，并开创了简约审美潮流。

然而大金字塔并不神秘，它有起源，有雏形，有演变，有衰落，更有错误，它只是一处体积很大的墓葬，是古埃及王朝早期丧葬形式的一种，是漫长历史中的一小段，是诞生于尼罗河畔的文明的体现。大金字塔的建造不能脱离它的文化和历史背景，正如它的巍峨身形无法脱离吉萨高地的茫茫黄沙。

掀开闪亮的覆面石，大金字塔只是一堆石头。吉萨大金字塔共有200多层，230多万块砌石，建造用时约26年，漫长的岁月中，它的顶端自然剥落了近8米，周身是风蚀的斑驳；它内部的三处墓室有两处是废弃不用的，最后选用的那处虽然宏伟精致，却有严重的设计失误；它的多套封闭系统早就失去作用，成了摆设；它的核心结构有明显投机取巧的痕迹，整个基底更是借助了7米高的地面基岩，省去大量人力和材料；它的砌石只打磨了表面和接合面，看不到的部分则偷工减料……大金字塔不是人们想象的那样，由内而外都精细，而这种印象的形成大多是源于古埃及人的建筑方法和实用主义。

古埃及人是讲实用的民族，即使大金字塔在现代看来不实用，但它的每一个元素都有其功能或意义。古埃及人会把露在外面的部分做得尽量精细；会大胆地创造新设计，并在正式采用前进行试验；会在出现错误后修改补救或者干脆放弃；会抬头崇拜天上的神祇，然后低头在地上建一座登天的阶梯。这是一群敢想敢做敢尝试的人，他们会提前规划、统筹安排，他们会在陶片上画好设计图，并附上尺寸让工匠们照着做；现在让我们惊叹的"每2.7分钟就要安放一块砌石"的速度，也许早在近5 000年前就已被算清楚了，也许每个工队都有关键绩效指标要完成，每位管理人员都有周报、计划要赶，安哈夫王子身后跟着一堆助理在工地上处理大事小情，并嘱咐某位书吏写一个在尼罗河里设置中转站的便条。

但大金字塔的确是伟大的，近5 000年前的古埃及人用最原始的工具和材料，以最低的代价和最高的精度实现了当时最崇高的理想，令5 000年后的人们惊叹与钦佩，并称大金字塔为古代奇迹。

大金字塔值得每个人的赞叹，但它并不神秘。本书作者一再强调，人们对大金字塔的神秘印象是因为缺少了解。如果隐去这个神秘的光环，将各种未解之谜暂放一旁，以现代人最熟悉的数据去分析、重建大金字塔，也许我们能更好地理解古埃及人的超凡智慧和坚韧品格。

由于译者水平有限，书中难免出现理解失误或翻译不当的情况，敬请读者海涵并热心指出，不胜感谢。

——张妍杰

前　言

埃及开罗附近的吉萨大金字塔是人类文化中最伟大的地标性建筑之一。在建成后的近4 000年间，它一直是世界上最高的建筑物，并且在今天仍然是人类最伟大的建筑成就之一。与之同样古老的巨石阵和美索不达米亚塔庙，在它巍峨的身形前相形见绌。近500万吨的重量，使它成为有史以来最重的建筑，直到19世纪才被超越。它体现的建造精准程度同样令人惊叹。直到19世纪科学家们才拥有合适的设备可以准确测量这座古代建筑杰作的精度，而它的建造者的全部才能仍然有待人们去发现。它身上的诸多特征太过令人惊叹，以至于围绕其建造工艺涌现出一系列科学理论以及天马行空的猜测。

大金字塔常被视为古埃及文明巅峰的代表，但它的建造时间更接近法老时代的初期，其迅速崛起的原因将在后面的章节中详细说明。然而，大金字塔绝非地理上或历史上的孤立存在。它是古埃及人称为Akhet Khufu（胡夫的地平线）的巨大墓葬建筑群的核心，并且是不断发展的皇家陵墓建筑传统的一部分。它是当时一种意识形态的体现，在这种意识形态中，法老是天神（鹰神荷鲁斯）在人世间的化身，荷鲁斯每天早上化作太阳神雷–赫拉克提，从东方地平线升起，白天穿行于整个天空。遵从这一意识形态的法老们统治着辉煌的第四王朝，并建立起一种独特的文化，在人类史上闪耀着夺目的光芒。

法老们的成就对后面的几个世纪产生了深远影响。法老时代虽然衰落了，金字塔却保留了下来，成为那个时代密集迸发的创造力留下的永恒投影。

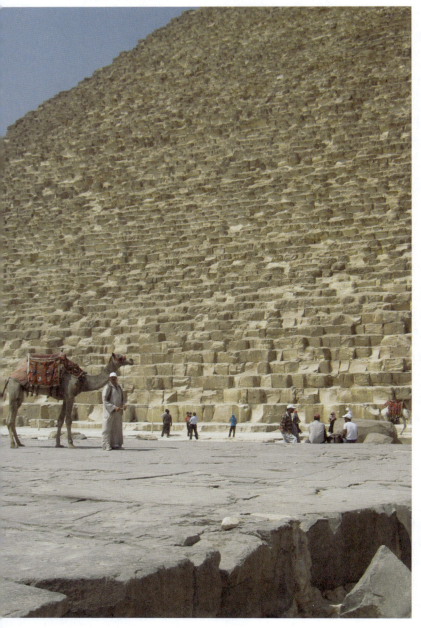

下：大金字塔东侧胡夫葬祭庙的玄武岩石地面。
（戴维·莱特博迪）

然而，金字塔工程自有其黑暗面，而史料往往对它忽略不提。法老制度下，一国之君倾举国之力进行这项浩大的工程，只为留名于世。每年都有成千上万古埃及人被迫离开家乡，参与这项浩大的工程，其中大部分毫无疑问是繁重的体力劳动。

后来此类工程风靡一时，在第三王朝末愈演愈烈，最终在第四王朝时达到顶峰。在此期间，法老文化创造出了前所未有的技术，兴建起难以超越的庞大建筑物。本书将采用逆向工程，即运用新的证据和可靠的学术研究成果，对大金字塔的建筑架构进行讲述和图解。书中包含对大金字塔的比较新的描述，并就关于其罕见内部布局的多种现行理论进行讨论。最后还根据时间顺序记录了数百年间所有探索过这座建筑的人和项目，内容包括从早期探索者的讲述到如今的多项高科技研究项目。

毫无疑问，大金字塔是人类历史上最伟大的文化遗产之一。近几个世纪拜访过它的人包括拿破仑·波拿巴、温斯顿·丘吉尔以及巴拉克·奥巴马。极有可能在2 000多年前，曾经统治并巡行过埃及的拉美西斯大帝、亚历山大大帝、克娄巴特拉和尤利乌斯·凯撒，都瞻仰过吉萨的这座宏伟建筑。

孟菲斯墓葬群现已被联合国教科文组织列为世界遗产，大金字塔作为其中最重要的建筑，由埃及国家文物部直接监管。然而，从许多方面来说，大金字塔属于每个参观过它、研究过它以及梦想将来能探索它的人。

上：古代奇观——大金字塔。
（弗兰克·莫尼耶）

5

目 录

对页：仰看大金字塔陡峭的东塔面。如今
表面的图拉覆面石已被移除，不然会是一
个连续斜面。
（弗兰克·莫尼耶）

第1章
大金字塔前传

　　大金字塔是千年来文化、政治和科技发展的产物。法老体系虽植根于上埃及，但不久就控制了整个下尼罗河谷，直到地中海。一项建筑传统在这些社会基础上逐渐发展出来，产生了一系列非凡的庞大建筑，并最终将大金字塔呈现给世人。

左：位于塞加拉的左塞尔阶梯金字塔和赫卜赛德仪式场地。（弗兰克·莫尼耶）

上：现在，生活在尼罗河泛滥平原的人们从尼罗河抽水灌溉田地。阿斯旺大坝建成前，整个地区每年夏季都会被泛滥的河水淹没，有时候水深可达数米。

（弗兰克·莫尼耶）

起源于新石器时代

要弄清大金字塔出现在埃及古王国时期的原因，就需要先了解使这些巨型纪念物的建造成为可能的更广泛的背景，基本因素是埃及的自然环境、此处诞生的文化，以及从这种文化发展出的经济和政治体系。只有弄清了这些问题，才能明白这些特定历史事件在此处发生的原因，以及这些超凡纪念建筑的发展过程。

在新石器时代，埃及的自然环境由世界的第一长河——尼罗河主导。尼罗河的水量来自两条主要支流：从埃塞俄比亚山区带来季节性降水的青尼罗河（译者注：青尼罗河发源于埃塞俄比亚北部的塔纳湖，全长1 450千米，是尼罗河洪水和淤泥的主要来源），以及源自遥远南部的维多利亚湖、穿过苏丹大片湿地流来的白尼罗河（译者注：白尼罗河发源于维多利亚湖，是尼罗河的真正源头，全长6 650千米，是非洪水泛滥季的尼罗

河的主要水源）。两条支流汇合后，大河向北流过撒哈拉沙漠东部的边境，穿过现代被称为埃及的地区。南方的降水呈季节性，水量在夏季的几个月达到高峰。虽然埃及本地降水极少，可是到了泛滥期，从河谷流出的洪水漫过附近的平坦地面，会留下厚厚一层淤泥。尼罗河东西两侧耸立着陡峭的沙漠悬崖，俯瞰着尼罗河河漫滩。下游更远处，广阔的三角洲地带也在泛滥季变成沼泽。河水要花几个月才能退下，流向北侧的地中海。

然而到了新石器小洪积时期，气候变得更加湿润，东撒哈拉沙漠变成大草原。尼罗河谷的采集狩猎者逐渐演变为半游牧的畜牧者。他们开始饲养大群的家养牛以及山羊和绵羊，并随着季节在草原上长途迁徙。他们留下的岩画现在仍能在撒哈拉沙漠裸露的岩石上看到。画面主要是牛，但也有大量野生动物，比如长颈鹿、火烈鸟、大象以及其他现在埃及没有的物种。由于降水增加，在约2 000年的

时间里，人和动物的数量迅速增长。后来气候又开始干旱，降水减少，人类及其家畜只得逐渐迁回尼罗河谷，这里有河流的庇护，更能抵抗干旱。

　　源源不断的尼罗河水及其每年带来的天然肥料，意味着古埃及人处在非常有利的位置，他们能从新石器时代新月沃地兴起的农业革命中受益。大约在公元前6 500年至公元前6 000年间，以谷物培植为基础的新型食物生产方式从美索不达米亚上游传播开来，一路穿过黎凡特，最终抵达埃及。最早的农业迹象出现在三角洲地区和法尤姆周边地带。多年后新的生产方式传到南部上埃及地区，与迁到这里的游牧民族原有的生产方式相结合。尼罗河水带来的淤泥将土地变成黑色，普遍认为出于这一原因，埃及人称肥沃的土地为kernet，即黑土地。这时，家畜养殖开始与定居生活的谷物种植相融合，面包首次成为埃及人民的日常主食。

　　新石器小洪积时期结束于"5.9千年干旱事件"，该事件因其发生年代距今的时间长度得名。此后撒哈拉全面进入更干旱的时期。然而在遥远的南方，降雨持续不断，每年都有洪水泛滥，而冬季，在北部地区，降雨也持续不断。随着撒哈拉沙漠的干涸，越来越多的游牧民来到尼罗河谷，人口的增长导致了第一批大量定居点的发展。

下：尼罗河水携带大量淡水和淤泥流过埃及。如果没有尼罗河，降水稀少的埃及就会成为一片沙漠。图中显示的是卢克索的国家轮渡，其往返于宽阔的河道两岸运送当地人和游客。（弗兰克·莫尼耶）

上：希拉孔波利斯HK6墓区T23古墓复原效果图，该墓可能属于一名将自己视为天神神鹰荷鲁斯的化身的希拉孔波利斯首领。

（戴维·莱特博迪）

前王朝时期文化

传统的动植物食物多通过驯化的动物、狩猎、捕鱼以及采集获得，随后人们的食物越来越多地得到包括面包在内的培谷物产品的补充。谷物还能制成啤酒，人们在前王朝时期定居地曾发现大型啤酒作坊。这些新产品为城市的发展以及尼罗河谷新经济的形成奠定了基础。

另外，日益增加的人口压力导致相邻定居地间出现一定程度的冲突。最早用泥坯墙围起的聚居地在涅伽达文化一期时出现，而古墙考古遗迹的发现说明，到前王朝时期结束时，围墙已变得很普遍。

在前王朝时期，尼罗河谷发生了许多重大的文化变化，为法老时代的开始做好了准备。法老文化在接下来的许多世纪里变得至关重要，其基础就出现在此时，包括最关键的信仰体系。

传统认为，最早的大金字塔时代的法老陵墓可追溯至位于阿拜多斯的第一王朝统治者坟墓，然而在最近20多年间，上埃及一处聚居区的遗址逐渐浮出水面，这里被称为"最早的埃及人"的诞生地。希拉孔波利斯这座

前王朝时期的小城早在一个多世纪前便被确定位置，然而由迈克尔·霍夫曼、芭芭拉·亚当斯领导的密集发掘工作直到20世纪70年代才开始，目前仍在勒妮·弗里德曼的指导下继续进行。希拉孔波利斯城发展出的许多文化，是接下来3 000年内法老时代埃及的独特文化元素和概念的前身，古埃及人称这处聚居区为奈赫恩。这个小城出现于公元前4 500年至公元前4 400年。约公元前3 500年时奈赫恩达到鼎盛时期，拥有至少5 000人，甚至可能达到10 000名居民，而且极可能控制着远至努比亚的上埃及南部地区。这座城市最大时，可沿沙漠边缘绵延2 500米，探入干河谷近3 000米，并深入农耕区若干距离。显然，它是当时尼罗河沿岸最大的城市之一。

在希拉孔波利斯城西部沙漠2千米深处的HK6墓区，存在着一个复杂的墓葬群。它和涅伽达（努卜特）一样，也被认作已知的埃及历史上最早的精英墓葬群之一。类似于金字塔时代的孟菲斯墓葬群的坟墓以及同时代的大多数坟墓，这片墓地的选址远离肥沃的农业区，位于炽热、干燥的西部沙漠。这片朝向落日的沙漠地带属

于"红土地"（译者注：尼罗河平湖周围是荒芜的沙漠，因在阳光下反射着红光而得名红土地，寓意死亡、贫瘠，与带来生命的黑土地相对，并与冥界联系起来）。虽然此类土地的利用模式并非希拉孔波利斯城独有，但这可能是延续至法老文化的基本传统之一。

这里的几个坟墓建在一处刻进基岩的直边墓室周围。有些坟墓里铺满席子，有些配备着泥坯摞成的墙。死者身边摆放着精美的陶器和小雕像，墓穴以土覆盖成小丘状，土丘外又有木头和芦苇搭起的地面建筑，像一个小型的直边房屋。地面建筑外部可能以红色装饰，也许还覆盖着席子。每座建筑都围以木质的柱子和芦苇板围墙，说明这里可能是一处神圣的地方。

围墙内有些坟墓看起来像是"附属坟墓"，说明精英统治者可能带着部分忠诚的追随者前往阴间。在阿拜多斯的第一王朝王陵中也发现过类似证据，部分学者由此论断，统治者死后可能有大规模的人殉陪葬。此类行为出于自愿还是非自愿尚不清楚，有些学者对这种理解表示怀疑。然而即使这一习俗曾经存在过，到了古王国时期也被废弃了。

在希拉孔波利斯城，人们发现了一座前王朝时期的精英坟墓T23，尺寸为5.5米×3.1米。坟墓每边各有一个柱孔，说明这里曾大费周章地支撑起一座巨大的地面建筑，而坟墓东侧额外的柱孔说明，举行葬礼时，这里曾有一个单独的供奉堂。整个T23坟墓建筑群曾有一道柱子围墙，划出一处16米×9米的区域。这种类型的坟墓向后来阿拜多斯建造的大型坟墓迈出了一大步，最终促使吉萨高地附近的孟菲斯墓葬群中王陵的出现。

这些坟墓的设计元素及其随葬的手工艺品，是后来更熟悉、更庄严宏大的法老文化元素的朴素前身。举个例子，死者下葬时也戴着面具，不过用的材料是黏土，而不是后期使用的金子或宝石。柱孔的格子状排列模式暗示这

上：猎鹰水彩素描，古埃及学家霍华德·卡特绘。荷鲁斯通常以这种鹰的形象出现。（格里菲思研究所）

左：第一王朝法老杰特的王徽。王徽所在的石碑（垂直的石板）曾立在他在阿拜多斯的王陵外。王徽上面站着法老的守护神荷鲁斯。（弗兰克·莫尼耶摄于卢浮宫）

13

上：发现于希拉孔波利斯的纳尔迈调色板。这是一种便携式纪念物，高64厘米，宽42厘米。它被描述为"第一件历史文献"并刻有最早的象形文字。

（詹姆斯·爱德华·奎贝尔1898年摄）

里有过金合欢木柱搭起的大型祭堂。这些建筑是法老时代多柱大厅以及举行法老崇拜典礼的葬祭庙的前身。

坟墓中还有许多由燧石敲出的动物雕像，可能代表早期动物形象的男神、女神。墓地中还有许多异国动物，都是死者的陪葬品。

从远古伊始，古埃及人就是敏锐的动物行为观察家，仔细观察着身边生活的动物。他们在表达宗教或政治及其他领域的理念时，常常会参考自己的观察结果。考古学家在希拉孔波利斯城的遗址发现，这里的居民曾有自己的动物园，圈养着猴子、野猫、河马以及鳄鱼。后来形成的780个象形文字中，有176个是动物形象或部分动物形象。他们的语言也充满了动物隐喻。以长颈鹿符号为例，它是表达"先见之明"这个词的限定符。而埃及的第一位法老曾将尼罗河底的鲇鱼选为自己的徽记。

然而鹰——动物等级体系中的顶级捕食者，更常用来代表希拉孔波利斯城的统治者，并最终成为首位统一埃及政治体系的统治者的象征。这一象征几乎贯穿整个法老时代。可能在

早期，鹰在整个古埃及都被认作神物，然而成为统治者们的徽记是从上埃及的奈赫恩开始的。希拉孔波利斯是小城的希腊名字，意思为鹰隼城。随着希拉孔波利斯城的势力在公元前3 500年逐渐壮大，鹰与这个小城的集权统治联系起来，并与希拉孔波利斯王朝的官方建筑联系起来。

希拉孔波利斯城前王朝时期的精英墓葬中出土过小型的石头鹰雕像，其中包括荷鲁斯神的早期雕像。墓中许多模制鹰的翅膀碎片说明它们相对比较普通。所有迹象都说明吉萨古王国时期常见的神鹰符号起源于希拉孔波利斯城。

已证实的荷鲁斯与早期法老的最早联系出现于"零"王朝，即王朝时期开始前的早王朝时期，此时许多法老时代的习俗早已成形使用。名为塞拉赫（serekh）的王徽，意指"立面"，首次出现于此时。这是一个四角形的风格化代表符号，其形式为有壁龛的立面围墙或者建筑，与荷鲁斯神密切相关。通常，这个徽记的顶部栖有神鹰。多数学者认为塞拉赫王徽代表法老的王宫，然而也有一些学者认为它代表着法老的王陵、王陵禁地或假门（译者注：古埃及人会在祭堂中建一道假门，将供品摆在假门前，他们相信死者的灵魂可以通过假门吸取营养）。塞拉赫王徽内部通常划分为两部分：上半部分是法老本人的名字；下半部分由垂直线条框起，代表着宏伟宫殿的立面壁龛。这些纹样常作为法老祭仪建筑的外部装饰。在典型的法老王衔中，含有塞拉赫王徽的名字为5个王名之首，代表法老的荷鲁斯名（或Ka名）。

神鹰警觉地栖息于统治君主的住

所之上。这是一种非常直观的象征，法老发号施令的王宫仿若他统治的所有领土的缩影，王宫受到神的保护。然而，圈在塞拉赫王徽框中的法老名字却写在神鹰之下，这是早期君权神授性质的明显暗示。

早期国家的政治概念

古埃及人认为法老美尼斯，可能也叫纳尔迈，是第一个统一全埃及的人。他的统治被普遍视作王朝时期及早王朝时期开始的标志。古埃及学家对这段古埃及历史进行了多年的研究，虽然有证据显示早期法老们广泛地进行军事行动，但是现行理论将埃及各地区之间逐步进行的文化交流和经济殖民视为与军事战争具有同等的重要性。

虽然发生在上下埃及之间的事件细节仍存在争论，但有一点很明确，即在王朝时期开始时，许多物品的制作已经有了明确的标准，整个埃及地区都在进行着经济转型。这种平民文化保留了荷鲁斯和塞拉赫王徽。

波兰考古探险队在位于下埃及尼罗河三角洲东部的泰尔–法卡的发现显示，当时已经出现了与黎凡特（位于地中海东海岸地区）的贵重奢侈品交易；而到公元前3 200年至公元前3 000年，啤酒作坊以及类似于上埃及地区坟墓的马斯塔巴墓正在三角洲地区流行。葡萄酒酒罐上的Irj–Hor铭文说明那里也存在荷鲁斯的象征。在黎凡特地区也曾发现纳尔迈的塞拉赫王徽和荷鲁斯名，表明当时有一个广泛的贸易网络，向位于下埃及地区的统治者们提供原材料和商品。

纳尔迈最出名的是他在纳尔迈调色板上的形象。这是一块巨大的祭祀石板，由石头刻成，两面都有刻饰。它出土于希拉孔波利斯城农耕区边缘土丘上的一座王朝时期的神庙里，约于公元前3 100年制成。这块石板上的画面最重要的特点之一就是其中的人物戴着两顶完全不同的王冠，石板两面各戴一顶。这两顶王冠与已知的后期埃及王冠几乎完全一样，代表上埃及的白王冠（hedjet）和下埃及的红王冠（desheret）。法老文化的基本概念之一在此首次出现，它代表着法老在埃及早期的最重要的功能：保持埃及的统一。

左上：符号组合被释义为纪念击溃叛军、维护埃及统一。秃鹫女神奈库内特抓着莲花–莎草图案，她面朝的神鹰荷鲁斯戴着上埃及的白冠。（戴维·莱特博迪）

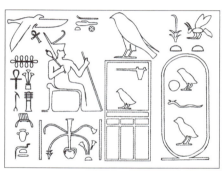

左下：刻在哈特努布采石场岩面上的符号组合。胡夫坐在王座上。下面是莲花–莎草图案。荷鲁斯在他头顶给予永远的保护。（戴维·莱特博迪）

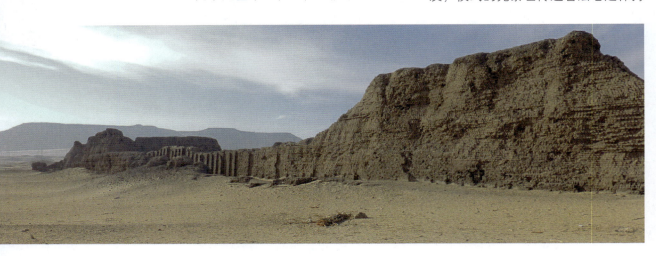

纳尔迈调色板似乎表现的是庆祝上埃及打败下埃及的军事胜利的场景，虽然真实的历史不可能仅凭一次胜利就决定，后世埃及人却将这次统一视为真正的史实。

这个新成立的埃及国家的许多主要象征都反映着这次统一，两个王冠很快合二为一，成为上下埃及的双王冠，名为"双强王冠"（sekhmenti）。第一王朝的法老杰特是已知最早戴上这顶经典混合象征王冠的人。

这个崛起中的国家的另一个基本象征是莲花–莎草（sema-tawi）符号，首见于希拉孔波利斯城出土的3个罐子上的铭文。这个名称的字面意思是"将两地统一"。

莲花–莎草图案由3个不同的元素组成。两侧是上下埃及的代表植物——睡莲和莎草，打结系在代表气管连接的心和肺的中央元素上。中央元素是图案的轴心，可能象征着法老

和尼罗河。法老是统一埃及的核心，尼罗河用淡水的形式给整个埃及带来生命。在早期史料中，这个图案被荷鲁斯的同伴——秃鹫女神奈库内特抓着，她脚下站的是后期埃及象征文化的另一个核心徽记，圣环。圣环内象形文字的意思有多种解释，其中最有说服力的一种解释认为，它们拼出了"叛乱"一词，而画面中显示叛军被包围、压制并击溃。看来由一位统治者控制埃及如此大的领土并非易事。

另一对符号也代表着这种二元性。上埃及的蜜蜂符号和下埃及的莎草符号都是重要的法老象征图案，而秃鹫女神奈库内特和圣蛇女神瓦吉特是两个地方女神，保护着两地的统治者。莲花–莎草图案后来用在吉萨的重要场合中，它出现在法老哈夫拉和孟卡拉雕像的石王座两侧，很可能也出现在胡夫的王座两侧，只是胡夫的大雕像没能保存到现在，无法证明这一点。

早王朝时期出现的另一个象征就是赫卜塞德典礼。它代表的确切意义人们尚不清楚，除了表示法老定期进行肉体更新、身体强壮，能够统治埃及，仪式的元素也传达着法老是保持

埃及统一的神的化身特定理念。他对领土全境的周游，对代表埃及广阔幅员的所有纪念物的巡视，可能传达着他将全国凝结在一个国家体系下的能力；荷鲁斯神鹰通常飞在头顶，抓着圣环。事实上在法老时代初期的埃及文化中，荷鲁斯王的主要作用是保持埃及统一。代表赫卜塞德典礼的浮雕很可能也存在于大多数，甚至可能是所有的古王国时期的金字塔中。该典礼表现形象曾发现于手工艺品以及早王朝时期和古王国时期法老们的纪念物中，这些法老包括登、左塞尔、斯尼夫鲁以及纽塞拉。

另一重要物品纳尔迈权杖头，与纳尔迈调色板一起发现于希拉孔波利

斯城的一座王朝时期的神庙里。上面有法老进行赫卜塞德典礼的画面，画面场景显然是古王国时期金字塔中画面的前身。这些手工艺品很可能制作于"零"王朝晚期或第一王朝早期，但它说明，早期国家的重要象征——王徽、荷鲁斯和赫卜塞德典礼，在王朝时期初期就已出现，并且肯定与希拉孔波利斯城有关系。

"零"王朝末期，上埃及的政权似乎在一座名为提尼斯的小城得到巩固，此城位于希拉孔波利斯城下游约250千米处。小城以西、深入沙漠边境1.5千米处的阿拜多斯，有一处从公元前4 000年就开始使用的墓地，其中的精英坟墓最早建于公元前3 300年。在一座代号为U–j的坚固的多墓室泥坯墓中，人们发现了已知最早的语音文字。从王朝时期开始，使用荷鲁斯和王徽符号的全埃及的法老，就在此地安葬。希腊历史学家曼尼托称提尼斯为埃及第一座首都，比孟菲斯还早，而阿拜多斯的精英墓地可能是第一座法老墓葬群。

在紧挨阿拜多斯耕作区边缘，目前还保留着装饰有宫殿立面图案的巨大泥坯典礼围场遗址。它们可能是每位法老葬礼的一部分，被建起、摧毁，又利用。这些围场的确切功能今天仍然是一个谜。澳大利亚古埃及学家戴维·奥康纳详细研究了其中最大的一个，同时也是第二王朝末代法老哈塞汉姆威的、唯一保存至今的围场。哈塞汉姆威的意思是"荷鲁斯的两种权力出现"。这个建筑现在被命名为沙奈特–泽比布。奥康纳的研究结论为，此处举行的是一种绕圈仪式，很可能与赫卜塞德典礼的巡行类

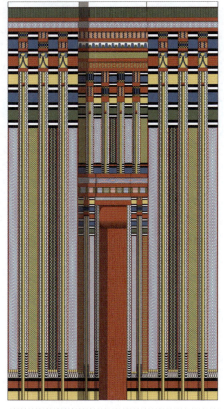

右：代表性王宫立面复原图，重现其刚上完彩绘的样子。
（弗兰克·莫尼耶）

似。这一结论的得出部分缘于围场外有两层围墙，两墙之间很可能就是围绕整个建筑物的典礼通道。

行政与经济

第一王朝时期，全埃及实现了首次统一，孟菲斯成为新兴的埃及国家的行政首都。它远离希拉孔波利斯和阿拜多斯，位于尼罗河遥远的下游，是埃及两大主要地理区域的交界：南接狭长肥沃的上埃及河谷，在两岸陡峭的沙漠高山拱卫下蜿蜒向北；北承下埃及宽广平坦而肥沃的埃及三角洲。三角洲也会依季节被河水淹没，形成一望无际的沼泽地。包括孟菲斯在内的众多定居点，就建在每年泛滥的河水淹不到的山丘上。

法老会定期巡游这片庞大的疆域，一是了解民情，二是与分治各省的代表们交流。这些巡视被称为"追随荷鲁斯"，其中还包含法老清查巡游的最基本任务之一——一年两度的牛群清查。

牛群饲养、粮食生产、土地分配和剩余产品税收的精心管理，意味着行政系统中的官员逐渐上升为这个新兴国家的重要成员。到早王朝时期，

他们已能够给自己建造宏伟的坟墓，这些坟墓因为形状似埃及人家中常见的低矮的木质马斯塔巴长凳而得名"马斯塔巴"。这些墓建在孟菲斯西侧，沿沙漠边缘形成壮观的一列，俯瞰着新都，是孟菲斯墓葬群的首批大型坟墓。这些马斯塔巴也装饰有宫殿立面图案，与遥远的上埃及阿拜多斯和希拉孔波利斯的法老王陵使用的图案完全一样。

随着粮食生产规模的扩大和埃及国家局势变得复杂，行政体系成员手中的权力逐渐增大。这个组织有了越来越多的剩余粮食，以用来制造面包和啤酒，毫无疑问，这些官员越发膨胀。可能出于这个原因，法老们开始将自己的墓葬建筑元素挪用到孟菲斯墓葬群中。

借助大型纪念建筑物提升法老地位

将法老尊奉为保持埃及统一的主要力量的各种典礼，借助象征符号和典礼仪式不断被强化，并逐渐倚重于兴建大型建筑物被实体化。

似乎是在第二王朝末期，法老开始在塞加拉的沙漠中建造典礼围场，

上：早王朝时期马斯塔巴墓复原图，墓主为官员或王室成员。

自史前时期至早王朝时期的埃及年表

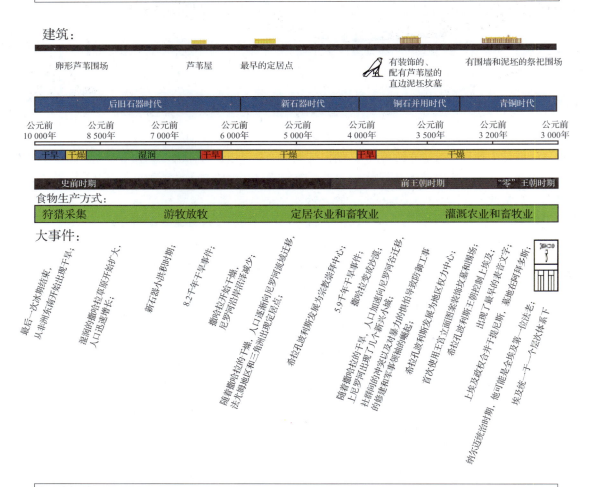

建筑：

| 卵形芦苇围场 | 芦苇屋 | 最早的定居点 | 有装饰的、配有芦苇屋的直边泥坯坟墓 | 有围墙和泥坯的祭祀围场 |

| 后旧石器时代 | | | 新石器时代 | | 铜石并用时代 | | 青铜时代 |

| 公元前10 000年 | 公元前8 500年 | 公元前7 000年 | 公元前6 000年 | 公元前5 000年 | 公元前4 000年 | 公元前3 500年 | 公元前3 200年 | 公元前3 000年 |

| 干旱 | 干燥 | 湿润 | 干旱 | 干燥 | 干旱 | 干燥 |

| 史前时期 | | 前王朝时期 | "零"王朝时期 |

食物生产方式：

| 狩猎采集 | 游牧放牧 | 定居农业和畜牧业 | 灌溉农业和畜牧业 |

大事件：

最后一次冰期结束，从北非向东南开始出现干旱；

湿润的撒哈拉草原开始扩大，人口迅速增长；

新石器小冰期时期；

8.2千年干旱事件：撒哈拉开始干燥，尼罗河谷居住环境减少；

随着撒哈拉的干燥，法尤姆地区和三角洲出现定居点；

希拉孔波利斯发展为宗教崇拜中心；

5.9千年干旱事件：撒哈拉变成沙漠，尼罗河的冲突以及对象力的修建领袖导致的削弱；

随着撒哈拉的干旱，上尼罗河出现了几个新兴小城，拉耐间的冲突以及对象力的修建领袖导致的削弱；

希拉孔波利斯发展为地区权力中心；

首次使用石灰石官立面图案装饰坟墓和围场；

上埃及政权合并于提尼斯，希拉孔波利斯控制上埃及；

出现了最早的表音文字，被他在即拜多斯；

纳尔迈统治时期，他可能是全埃及第一位法老，埃及统一于一个层次体系下

早王朝时期到古王国时期埃及年表

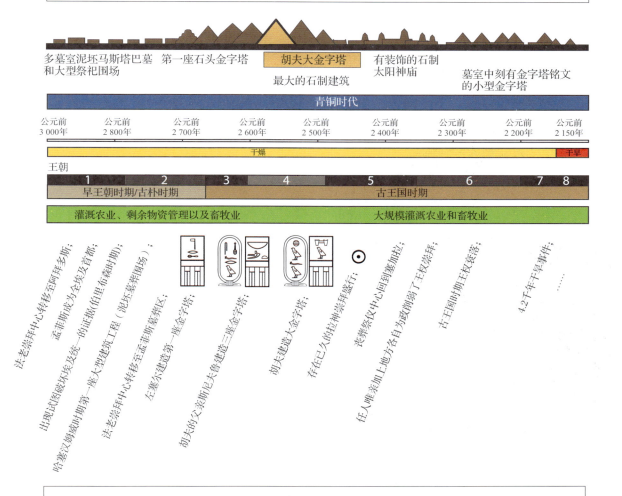

多墓室泥坯马斯塔巴墓　第一座石头金字塔　　　　胡夫大金字塔　　有装饰的石制
和大型祭祀围场　　　　　　　　　　　　　　　　　　　　　　太阳神庙　　　　　墓室中刻有金字塔铭文
　　　　　　　　　　　　　　　　　　　　　　最大的石制建筑　　　　　　　　　　的小型金字塔

				青铜时代				
公元前3 000年	公元前2 800年	公元前2 700年	公元前2 600年	公元前2 500年	公元前2 400年	公元前2 300年	公元前2 200年	公元前2 150年

干燥	干旱

王朝

1	2	3	4	5	6	7	8
早王朝时期/古朴时期			古王国时期				

灌溉农业、剩余物资管理以及畜牧业	大规模灌溉农业和畜牧业

法老崇拜中心转移至阿拜多斯；

出现试图巩固埃及统一的证据伯（世·布坏首都）；

孟菲斯成为全埃及首都，哈塞汉姆威时期第一座大型建筑工程（泥坏墓葬时期）；

法老崇拜中心转移至孟菲斯墓葬区；

左塞尔建造第一座金字塔；

胡夫的父亲斯尼夫鲁建造三座金字塔；

胡夫建造大金字塔；

存在已久的拉神崇拜盛行；

诠释祭仪中心回到塞州拉；

任人唯亲加上地方各自为政削弱了王权崇拜，

古王国时期王权衰落；

4.2千年干旱事件；

……

绝对年代是指某事发生于多少太阳年前，可以用公元前体系，或者以距今年份表示。本书用距今年份表示千年干旱事件，用红色是因为该纪年通常是科学家们根据冰川核素以及沉积层核素测定远古事件的体系。他们可能对比每年有多少火山灰或植物物质落下来测定气候变化，或者检查破坏的岩石结构为灾难事件测年。

一项新型、全面的古埃及手工制品的碳14研究成果于2013年发表。新样品全部取自埃及境外博物馆收藏的生物材料，包括植物遗体、头发和骨骼。研究人员从多地区的多份树木样品的重叠年轮序列中提取碳14值连续序列，再将手工制品中的碳14水平与已知的碳14值连续序列进行对比。该方法之所以有用，是因为大气中碳水平的变化是全球性的，而且绝大多数树木每年都长一道年轮。在给定时期内，全球气候变化使得绝大多数树木都显示出相似的年轮序列，据此可以测量已知序列中特定年份年轮的碳14水平，并将其与手工制品中的碳14水平进行比较。

这些围场与阿拜多斯已建的那些非常相似。名为吉瑟–穆迪尔的巨大典礼围场，是埃及已知最古老的石头建筑。苏格兰国家博物馆的伊恩·马西森领导的最新发掘显示，它极可能建于第二王朝时期。

第三王朝伊始，法老左塞尔开始在塞加拉建造自己的华丽陵墓，其围场面积之大前所未有。经过多年建设和几个建造阶段，该陵墓发展成世界上第一座金字塔，并在首都孟菲斯的注视下逐渐成形。完成时，它巨大的身影笼罩着前王朝法老们的王陵以及行政要员们的马斯塔巴。

左塞尔通过在塞加拉建造这座建筑，高调地表明自己的地位凌驾于官员之上。该建筑告诉世人，法老是一位神圣的领袖，继承了古老的神祇荷鲁斯赐予的统治权。只有法老可以将两处领土凝聚在一起，也只有法老可以举行特别的典礼，在这座建筑中永生，并使埃及永远统一下去。法老的象征符号是专用的、独特的，唯有最亲密的王族成员才能使用。只有法老才能出现在荷鲁斯之下享受永恒的神佑。飞翔的太阳光盘也于同一时期出现。从那时起，埃及国内的几乎所有剩余粮食都只有一个用途：供养劳工建造空前规模的法老崇拜建筑物，使法老获得荣耀与升华。

胡夫统治时期纪事

生活在公元前3世纪的古希腊–埃及历史学家曼尼托，对古埃及历史进行了划分并进一步细分，他将古埃及划分为30个王朝的划分方法至今仍在使用。虽然这一纪年系统与实际历史事件并不完全吻合，但它仍不失为一个好用的方法，能帮助埃及学家和历史学家在历史时间线上定位大事件和统治者的在位时期。19世纪的学者又将这些王朝归纳为几个主要时期，按纪年顺序分别是前王朝时期、早王朝时期、古王国时期、第一中间期、中王国时期、第二中间期、新王国时期、第三中间期，最后是包括连续几次外国入侵的后期。

30王朝体系约在曼尼托在世时结束，也就是亚历山大大帝征服古埃及后。亚历山大控制古埃及，标志着希腊时期或托勒密时期的开始，这也是为什么曼尼托采用希腊文书写，并且时时被称为希腊历史学家。这一时期常被并入且称为希腊–罗马时期。

胡夫的统治时间在王朝史中相对较早，属于古王国时期（约公元前2 600年—公元前2 500年）的第四王朝。随着准确度的逐年提高，这个绝对年代范围已缩小。吉萨地区多份样本的碳14测年，以及一份古老文本上发现的其已知最后统治时间，都说明他在位时间不超过27年。

胡夫的父亲是法老斯尼夫鲁，埃及传统上将其视为一名口碑较好的法老，但对胡夫的看法则比较含糊。现存于柏林博物馆的韦斯特卡纸草书卷记载了几个故事，将斯尼夫鲁描述成一个喜欢享乐但平易近人的法老。与之相反，胡夫则被描述成一个不择手段又轻信易骗的统治者，一心只贪图享乐。为了建造自己的王陵建筑群，他下令查明"透特圣地的密室数量"。这个故事写于中王国时期初，提到的几位法老已死去很久。但这是唯一涉及胡夫的具体事件的埃及文献，可能包含部分基于书面或口头的史实信息。

现在哈底德夫王子站起来并说道："到目前为止，您听到的事全是关于过去时代的人的法力……可是陛下您不知道，就在现在，您有一位子民，也是一名伟大的魔法师。"陛下说："这是怎么回事，我的儿子，哈底德夫？"哈底德夫说："在杰特–斯尼夫鲁住着一个叫杰迪的人。这个男人已经110岁了，到现在每顿仍能吃下500个面包，半头公牛，一天要喝掉100罐啤酒。他能让砍下的头再长回去。他能使狮子走在他身后，而不用牵皮带。他知道透特圣地的密室数量。"

当时法老胡夫陛下一直在寻找透特圣地的密室，想要把它们复制到自己的"地平线"里。陛下说："哈底德夫，我的儿子，你亲自去把他带到我面前！"……一只砍掉头的鹅放到他面前。鹅身放在大厅西端，鹅头则在大厅东端。杰迪念出魔法咒语，鹅站起来摇摇摆摆地走动，它的头也是如此。当两者相遇时，鹅嘎嘎嘎嘎地叫了起来。然后他又叫人拿来一只"长腿"鸟，同样的情形再次出现。陛下给他一头公牛，牛头已被砍掉。杰迪念出咒语，公牛应声站起来。然后法老胡夫说："听说你还知道透特圣地的密室的数量。"杰迪说："陛下，我不知道它们的数量，噢王啊，愿您长寿、强壮又健康，我的主上，但我知道它在哪里。"陛下说："在哪里？"杰迪说："在伊乌努（赫利奥波利斯）有个叫'清单'的建筑，

上、右以及下：挪用到利斯特的金字塔建筑群的胡夫时期浮雕碎片。（大都会艺术博物馆）

里面有个燧石箱子。它就在那箱子里。"陛下说："去吧，把它给我带来。"杰迪说："王啊，我的主上，应该带它来的人不是我。"陛下说："那么应该谁去呢？"杰迪说："鲁德迪特将生出三个孩子，其中最大的那个会把它带给您。"陛下说："我想要，不过快说，这个鲁德迪特是谁？"杰迪说："她是萨赫布之主拉神的祭司的妻子，怀着萨赫布之主拉神的三个孩子。他（指拉神）对他们（指三个孩子）的预言是，这整片土地的收益将归他们所有，最大的那个将成为伊乌努的高级祭司。"（译文出自米丽娅姆·利希泰姆的《古埃及文学》）

人们通常认为文中所说的"透特圣地的密室"，反映了法老痴迷于给自己的金字塔修建类似的特别设计的房间。然而除了名字，文中再无任何文字暗示这些"密室"的性质，也没有提到关于金字塔的规划。根据最新的解读，这个故事意在说明法老缺乏主见，轻易就被低劣的小把戏分散心神，忘记了调查透特的密室数量。更重要的是，当他的问题得到否定答案时，他仍然不明就里。魔法师杰迪预言他的血脉将终结，而拉神的儿子将崛起成为君主，他想知道的答案将由鲁德迪特的一个儿子揭开。鉴于这篇文字本质上是一个神话，因此不可能存在与胡夫金字塔的设计相关的建筑细节。

著名希腊历史学家希罗多德记载，胡夫奴役人民，在埃及人心中是一个暴君，对于胡夫，人们很可能最初只是口头上的贬损，后来逐渐演变成刻骨的仇恨。总而言之，虽然他的恢宏建筑使他不会被人遗忘，却几乎没留下任何历史或现代的可靠记录，能让人们对他的统治或为人描摹出可信的基本轮廓。既然他的遗产主要是他的王陵，那他的统治也一定围绕着搜集所需原料进行。人们在吉萨以外仅发现了少量有胡夫名字的铭文，主要在采石场以及铜矿附近（位于哈特努布、格贝尔–阿瑟尔、瓦迪–马加拉和阿斯旺），但是绝大多数还是发现于他的王陵建筑群里。

法老的全套个人和仪典称谓叫作法老王衔。它由几部分组成，各有不同含义：荷鲁斯名出现最早，通常框在塞拉赫王徽里，顶上栖息着神鹰；金荷鲁斯名没有王名框或王徽；王座名或登基名用一个王名框圈起，前面缀以nsw–bity符号（代表上下埃及的莎草与蜜蜂）；最后的两位女神名则包含上下埃及的两位女神——秃鹫女神奈库贝特和圣蛇女神瓦吉特。胡夫的法老王衔依次为：Medjedu，"为荷鲁斯神击溃敌人之人"；Nebouy，"双倍的金色"；Khufu（或Khnum–Khufu），"他

上：一支胡夫施工队的象形文字名字，用红色赭石颜料上色，发现于大金字塔外。（乔治·戈永，弗兰克·莫尼耶）

下：绘有经典壁龛图案的大阶梯金字塔围墙复原图。（弗兰克·莫尼耶）

25

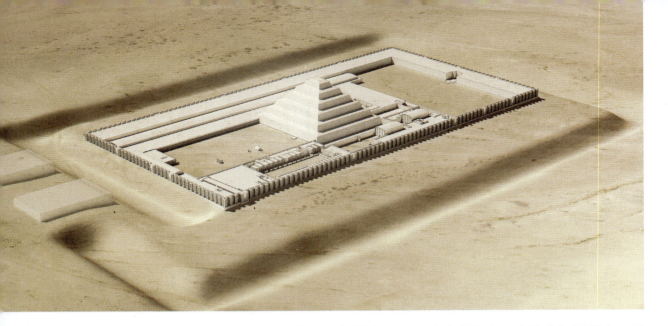

上：复原的阶梯金字塔刚建成时的俯瞰效果图。
（弗兰克·莫尼耶及保罗·弗朗索瓦）

保护我"或"克努姆神保护我"；Medjeder，"为两位女神击溃了敌人之人"。王衔中发现最多的就是现在他的常用名——胡夫。这个名字也出现在他的王陵建筑群中，akhet khufu，译作"胡夫的地平线"。在古老的埃及学出版物中，他有时被称为基奥普斯，这是希腊人称呼法老的一个晚期变体。

由于大金字塔为没有古代铭文或浮雕，许多业余学者对它修建于古王国时期的真实性存疑。但在大金字塔内，建造者们留下了涂红的王名框以及随意涂色的施工队名字，后于19世纪初期被英国探险家霍华德·维斯和约翰·雪伊·佩林，在国王墓室上方所谓的"减重室"中发现。这些刻画的真实性也受到了质疑，然而其中有些一直延伸进大条石的接缝里，这是后期添加极难做到的。另外，2013年，《梅勒日记》首次被发现，同批出土的纸草书卷中也有施工队的名字，与大金字塔内的排布完全一致。最后，相似的涂红铭文也在王后墓室南竖井的所谓"门"后被发现了，而这里之前一直被完全封死，直到最近

才清理干净。当这些证据摆在一起时，所有质疑都消除了：拼出胡夫名字的铭文是真实的，并且是由胡夫金字塔的修建者们留下的。

金字塔外发现的线索进一步证明胡夫就是这座大建筑的建造者：法国埃及学家乔治·戈永在20世纪40年代发现了一个王名框，后来也被验明涂有红色墨迹。它的发现地位于大金字塔西侧第四层、从北角数第71块砌石上。另外，埃及考古学家萨利姆·哈桑曾对葬祭庙地基和连接河谷庙的堤道进行过清理，发现了装饰在走廊和神庙里的浮雕碎片。碎片包括一块缺损的胡夫王名框、一幅法老本人的画像以及一个赫卜赛德典礼场景，该典礼象征性地显示法老完全有能力统治全埃及，无论生前还是死后。

其他胡夫建筑群的刻字砌石，后来被第十二王朝的两位法老（阿蒙涅姆赫特一世和辛努塞尔特一世）挪用，以装饰他们的葬祭庙，其中部分砌石也提到了胡夫。更重要的是，在胡夫堤道旁发现了一个权杖头，上面刻着胡夫的荷鲁斯名。最后，紧挨大金字塔的许多官员坟墓中，墙上也装

左：2012年修复中的阶梯金字塔。
（弗兰克·莫尼耶）

饰有胡夫名字，这些证据再次说明发现于大金字塔"减重室"的涂色名字的真实性。

早期金字塔的演变

第一个采用类似金字塔外形的建筑是法老左塞尔的阶梯金字塔。它建于塞加拉沙漠高地边缘的至高处，向西俯瞰首都孟菲斯。这处庞大的王陵建筑群使第三王朝的首位法老千古留名，并享有埃及第一座全石结构建筑物的美誉。王陵及其宗教建筑外有一圈巨大的围墙，其整个外墙面装饰着传统的宫殿立面壁龛，全长约1 645米（约近3 141肘尺），占地面积15英亩（约60 703平方米）。墙内威严的建筑群是专为死者打造的

下：大金字塔东北部局部剖视图，可见地下隧道和安葬竖井。
（弗兰克·莫尼耶）

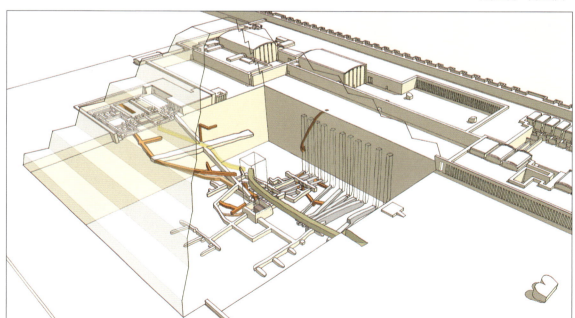

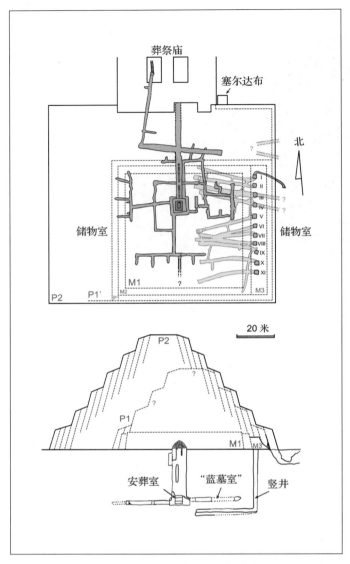

金字塔位于巨大围场的中心，最初采用的是典型的马斯塔巴形制。底面为边长63米的正方形，高度增加至8.4米，全部由坚硬的石灰石建成。用石头作为建材这一创新举措并没有立即对王陵的外观产生影响，因为它最初效仿的是马斯塔巴和围场，而这些此前主要采用泥砖结构。在这个阶段工人开始在地下挖掘墓室和走廊，并挖了一条巨大的竖井，以方便将红色花岗岩整块运下去，在底部组建法老的墓室。

在最初的马斯塔巴外，沿着它的东侧，共有11条深入基石30米的竖井，如今它们的入口都已被盖住。每条竖井底端都连接着一个水平墓室。地面建筑的第一阶段完成后，地下挖掘也已完成，几个地下墓室里还摆了大量加工精细的石头器皿，用于纪念现任及前代法老。在这些走廊中共发现了至少4万件各类石材制成的石瓶。随后又在马斯塔巴的底面外围，沿水平方向加铺了一层4米厚的石灰岩砌石，这样一来，就把底面积扩大至71米×71米。后来，建筑师又决定贴着马斯塔巴墓的东塔面加盖一道8.5米厚的石墙，使整个结构向东扩展。接下来进行了第三次扩建，这次采用了一种革命性的叠石新技术，沿垂直方向加一道厚外墙，但墙的走势向建筑中心内倾，使得每层墙都紧贴着前一层，所有的墙都倚靠着初始的中心砌成。

通过加建内倾石墙再层层相套，到这一阶段，可能就建起了第一个阶梯金字塔。但现在无法证实它当时是否建成了。又经过最后一次改进，建筑规模被再度扩大，才形成了今天广

上：左塞尔阶梯金字塔的平面图和纵剖面图，其中可见主要的地下墓室。
（弗兰克·莫尼耶）

城市，是保证前代法老的祭祀不息的墓地。当时人们相信里面进行的祭礼和仪式可保证他能在死后永生。

无论是从规模大小，还是别具一格的独特外观来看，法老的安息之地都是整片墓葬群的主宰，使附近的前代法老王陵和高官的马斯塔巴（指石室坟墓）黯然失色。这要归功于多才多艺的建筑师伊姆霍特普。在这里，在这位天才建筑师的指挥下，人们建起了一种亘古未见的巨大坟墓，史上第一座金字塔从此诞生。

为人知的金字塔模样。最后阶段包括扩大建筑底部面积，最明显的是沿北侧和西侧铺一排约半米见方的石灰石砌石，再紧贴中心结构加建内倾外墙。利用这一方法，人们成功地加建并扩大了多层外墙，并将整个建筑加高成总共六层、逐层均匀缩小的阶梯金字塔。位于塞加拉的塞汉赫特金字塔和扎韦耶特–亚里安金字塔都采用了相同方法，它们未完工的地面建筑清楚地显示金字塔的建造不是从半空的核心向外扩展，而是从底到顶层层铺设的水平台阶。

每层台阶两侧的突出部分由两种不同的石墙层组成：外墙层及其依附的内墙层，两者都朝结构中心倾斜。如今这座石头建筑外表的内倾走势依然清晰，合在一起就形成了六层的阶梯状结构，其独特的轮廓极具辨识度。建成后的金字塔有一层精美的石灰石覆面，但现在大部分已经荡然无存，只剩零星碎片还在原处。建筑物的最终规模为底面呈矩形，南北宽109米、东西长121米，高超过60米。相比历代王陵建筑沿用的保守形制，左塞尔王陵采用的金字塔形无疑代表了打破传统的新思想，整体规模的扩大也意味着工程初期建造的地面部分已被藏在最里面，看不见、摸不着了。

左塞尔建筑群的地下墓室分为两个不同的区域。法老的专用区域位于金字塔中心正下方，于地下33米处；法老的子女及近亲的区域在金字塔地下东侧，共有11条走廊，位置比法老墓室深。虽然储物室的墙壁只是草草处理，东侧墓室的部分墙壁却镶着严丝合缝的石灰石砌石，并嵌有绿色和蓝色的贴砖（用铜矿石着色的人造

上：左塞尔阶梯金字塔建筑群的入口柱廊。支撑廊顶的石柱有象征芦苇束的棱纹。（弗兰克·莫尼耶）

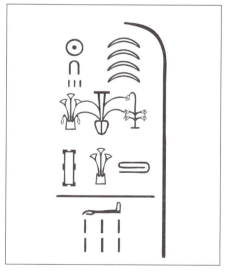

左：巴勒莫石碑记载的第一王朝法老哲尔统治时期于第4个月第13天举行的统一典礼。（戴维·莱特博迪）

29

彩陶）。德国古埃及学家卡尔·里夏德·累普济乌斯曾从东侧小墓室中拆下一个裹以彩陶、刻有铭文的门框，运回柏林博物馆中陈列。镶嵌彩陶的小墓室共有四个，全都有形似芦苇编制品的墙饰。芦苇编制品是当时法老宫殿的装饰，但这里用的是彩陶贴砖。贴砖背面有凸榫，榫上打眼，穿有绳子。往绳上涂满砂浆，再将贴砖仔细嵌入墙内，就能牢牢固定住。

考古学家对最东端两间小墓室里的装饰浮雕进行分析后发现，每块贴砖都是在金字塔外预制、组装好后，才被运到地下的。这些浮雕由多块嵌板组成，每块嵌板含有数百行、数百列彩陶片，有些嵌板外还用贴砖围成拱形，仿佛被一列列的杰德柱（djed pillar）（译者注：杰德柱是古代法老的符号之一，是由四层莲花组成的柱，象征永恒和生存。杰德图案是一个象形文字，表示持久和稳定）支撑着。然而，装饰过道中最重要的部分是一个拥有三幅浮雕的房间，浮雕一直没入墙上的假门里。浮雕模仿法老的雕像或石碑，描绘的是法老主持赫卜赛德典礼的情景。浮雕没入的门口或壁凹镶有装饰精美的边框。边框的竖边排满框有塞拉赫王徽的法老名字，可能暗指王陵外画着宫殿立面图案的围墙和上面的祭礼场所。

有三个壁凹或假门沿主金字塔下方一条南北走向的小走廊或小墓室对齐。在主建筑以南，靠近主围墙南侧的地方，有另一条深的竖井，一直通向称为"南墓"的次级墓室。这处墓室也位于地下33米处，建造它的目的尚不清楚。"南墓"附近的一条小过道里也有三个假门，以及没入假门的三幅浮雕，内容也是法老在主持赫卜赛德典礼。六幅浮雕都不太突出，似乎描绘的是法老举行的多场典礼或者一场典礼的多个部分。美国埃及学家兼艺术史学家弗洛伦斯·弗里德曼在对王陵勘测分析后发现，虽然这两条小走廊实际距离近200米，但其实是呈一条直线的，很可能这六幅浮雕描绘的是一场典礼的几个部分。

此外，在过去十年中，由法国建筑师布鲁诺·德朗德带领的一支拉脱维亚科学考察队，证实了金字塔下存

在此前未知的长走廊，包括一条似乎将北侧地下建筑群与"南墓"下方的小型地下建筑群连接起来的走廊。

这个塞德或赫卜赛德典礼似乎是最古老和最基本的法老典礼。在这个典礼上，法老要绕行代表埃及南北边境的南北两组矮桩。通过这种方式，他就象征性地将上下埃及统一起来，显示他有能力实现这一丰功，并可以驾驭他环行的这片疆域。地面露天典礼场的南北两端安置着两组巨大的半月形或"B"形路柱阵，形似浮雕中法老脚后的符号。由此可见，地上、地下的整个建筑群，似乎旨在体现或进行这一典礼，无论是在现实中还是在象征性的冥世。

弗里德曼还发现，两条走廊还与建在主围墙南墙面的假门形成一条直线，她猜测，其表达的是法老象征性地穿过这扇门离开王陵，沿外面的围墙绕行。这就与巴勒莫石碑和其他文献的记载一致了：法老在典礼上要沿王宫和占领的城市的高墙绕圈，如被称为"白墙"的孟菲斯。

金字塔阶梯建筑群墓室顶上画的星辰说明，地下墓室与地上天堂也联系在一起。这一背景让人想起古埃及神话中，大地之神盖布（Geb）和天空女神努特（Nut）是一对兄妹。因此，这些画面就代表左塞尔为获得永恒，需在死后、天上（努特）和地下（努恩/盖布）举行典礼。整个建筑群的主要走向（其南北轴线与正北仅有几度的误差），也表明了想把建筑群与头顶的天堂对齐并联系起来的意愿，以及希望将来埋葬在此的法老能升入天堂。

王陵围场唯一的可用入口是靠近建筑群东南角的一扇门，进去后是一条穿过厚重外墙的走廊，再通过向西的宏伟柱廊，就直接进入设置着"B"形矮桩阵的广阔南场院。

另一条南北走向的露天区域位于建筑群内，在南场院的东侧。它由一串相邻的葬祭堂组成，这些葬祭堂用实心石头搭建，根本不能进入。每个葬祭堂各有一个小院和一条引向神像壁龛的石梯，但现在这些代表埃及各地（省）男女神祇的神像已经没了。在这排葬祭堂前，赫卜塞德场院的最南端，有一个石头平台，下面连着双

上：斯尼夫鲁的美杜
姆金字塔。
（弗兰克·莫尼耶）

层楼梯。平台上可能陈设过一把或两把王座。这种御用亭子的符号表明它在赫卜塞德典礼中使用，在该时期的酒罐标签以及后来的浮雕中都曾多次出现。浮雕上有背对着放置的两把王座，坐着各戴上埃及和下埃及王冠的同一位法老。整个场院乃至整个建筑群都传达着上下埃及统一的主题。

场院北侧有两座长方形拱顶大石屋，是建筑群东北角的主导建筑。南面的在前，北面的在后，两者相互错开，各有自己的小院。人们有时称它

下：斯尼夫鲁美杜姆
金字塔建筑群平面图。
（弗兰克·莫尼耶）

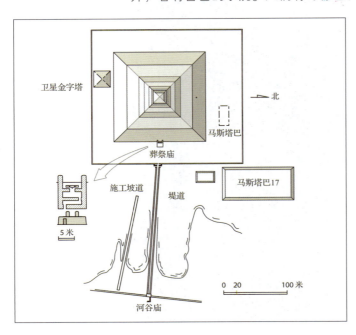

卫星金字塔

北

马斯塔巴

葬祭庙

施工坡道　堤道

5 米

马斯塔巴17

0　20　　100 米

河谷庙

们为南屋和北屋，但没有确凿的证据证明是这个名字。拉脱维亚科考队的研究结论是，它们实际可能是左塞尔的两个女儿的供奉堂。

阶梯金字塔的主葬祭庙都位于北面，而从第四王朝以后，葬祭庙改到背靠金字塔的东塔面。在金字塔的入口通道的东侧，有一间封闭的小屋，里面陈设着一座真人大小的法老雕像。这是名为塞尔达布的小供奉堂，为死者雕像供奉酒水和食物。供奉堂的北墙上在雕像视线高度的位置钻了两个圆孔，使死者能享用每天奉上的祭品。

塞尔达布整体向南倾，可能为了让法老在夜间可以透过孔洞看到拱极星。崇拜法老的祭司们会在这尊神化的君王神像前礼拜，将祭品留在外面，然后为法老的不朽回忆祈祷。接着，他们会没入葬祭庙纷杂的走廊里，边走边给这处神圣之地熏香清洁，以保持其纯粹洁净，最后来到柱身上刻有凹槽的柱廊隔出的两个中央庭院。

左塞尔展示出远超前代的建筑野心。他充分利用赫利奥波利斯大祭司伊姆霍特普的才能，组建了一支能建起如此宏伟的纯石头建筑的劳动大军，成功地使自己名留千古。在他下

葬之日，这座建筑瑰宝的视觉和象征冲击力必是惊人的。王宫立面高墙上的白色抛光石灰石光芒耀眼，给红色的沙漠划出一道闪亮的缺口，俯瞰着尼罗河谷的绿色田野和低处的孟菲斯城墙。这些祭祀建筑用色鲜艳，生动的色彩使石头也灵动起来。刻有凹槽和肋拱的柱子像极了成捆的芦苇束，加上顶部的掌状柱头，支撑起装饰得像彩色苇席的墙壁，给法老的这片长眠之地增添了活力。

左塞尔之后的几位法老都曾在统治期间进行过类似的金字塔建造工程，但第三王朝的其他法老都无法比肩甚至接近他的建筑成就。他们全都过早死去，留下大半未完成的王陵。直到第四王朝斯尼夫鲁登基后，才出现了能与左塞尔的杰作相媲美的金字塔工程。

斯尼夫鲁的几座大金字塔

美杜姆金字塔

出于没有定论的原因，斯尼夫鲁建成了三座大金字塔：一座在吉萨以南60多千米处的美杜姆，另两座在吉萨以南20千米处的代赫舒尔。和位于塞加拉的前代金字塔一样，这三座金字塔也建在尼罗河西岸，撒哈拉沙漠的边缘处。斯尼夫鲁无疑是古埃及最富野心的建造者，因为他的三座大金字塔共耗用石材近390万立方米。第一座金字塔，现在称为假金字塔或坍塌金字塔，建在靠近法尤姆入口的

右：美杜姆金字塔纵剖面图，分别显示三个主要修建阶段。（弗兰克·莫尼耶）

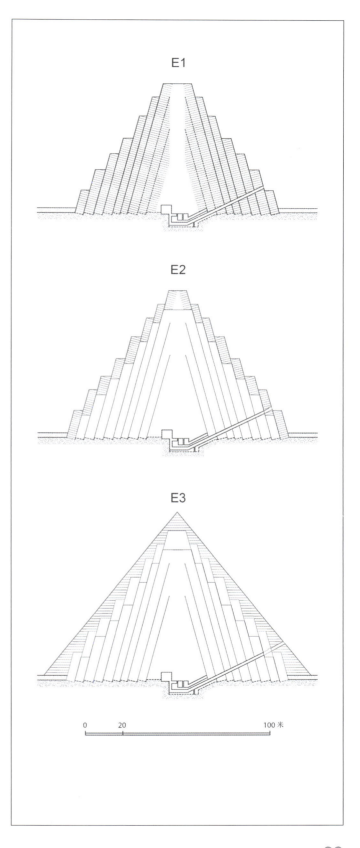

E1

E2

E3

0   20   100 米

心部分可见。左塞尔建筑群中有形态多样、数量丰富的祭祀建筑，而在美杜姆建筑群里的建筑却形式简化、数量锐减，只有一个紧邻金字塔东塔面中心的简单祭堂。这处祭堂的规模虽小，却是盛行于整个第四王朝葬祭堂的最早原型。

祭堂位于金字塔东侧中心处。进去后，要先拐过四个直角弯（因为小过道折了回去），然后穿过一扇门进入一个露天中庭，其中摆着一张供桌，两侧各有一块高大的圆顶条石石碑。英国埃及学者弗林德斯·皮特里从坍塌金字塔碎石中挖掘祭堂时，曾在此处找到少量古王国时期的小荷鲁斯神像。

石碑表面打磨得很精细，却一片空白。当初人们设计它们的目的只是刻写法老的祭辞和赞歌，可惜没能开始。祭堂虽建造完了，但没有丝毫装饰。不但墙壁没有装饰，石碑也空着，这座祭堂与后来代赫舒尔南部的弯曲金字塔的葬祭庙非常相似。后者雕刻的精美石碑将在后面详细描述。祭堂和主金字塔外有一圈石墙，高约2米，在金字塔周围形成一处宽广的空地。围墙南北长236米（约450肘尺），东西宽217米（约415肘尺）。金字塔南侧有一座小卫星金字塔，围场北侧有一座小马斯塔巴。空地的唯一入口在东侧围墙的中心不远处，比葬祭庙稍偏南，两者之间有一条甬道。入口外是一条向下的210米长的堤道，这条堤道与后世王陵（包括胡夫大金字塔）的封闭走廊和宽大路堤截然不同。金字塔与河边的河谷庙之间只有一条露天大道，大道由石头铺面，两侧有矮墙护卫。

美杜姆金字塔的河谷庙虽然已经

美杜姆，在古老的首都孟菲斯以南约45千米处。另外两座分别是位于代赫舒尔南部的弯曲金字塔和代赫舒尔北部的红金字塔。它们其实更靠近孟菲斯，虽然距离北侧的首都和塞加拉的左塞尔金字塔还有8千米。美杜姆建筑群与前代王朝的作品截然不同，建筑群中金字塔的地位越发突出，而围墙和附属建筑的规模却缩小了。现在美杜姆金字塔部分损毁，其内层核

被定位，但堆积其上的尼罗河淤泥和农田使得大规模发掘无法开展。美杜姆王陵建筑群的布局与同时期建造的弯曲金字塔完全相同，是古王国时期早期王陵群的典型代表。这种王陵群通常包括：一座金字塔，一座小卫星金字塔，一座紧贴金字塔东立面的高地葬祭庙（上庙），以及一座建在尼罗河冲积平原上的河谷庙（下庙，泛滥时可能要以船通行）。两座祭庙间连有长长的石铺道或堤道。

美杜姆金字塔的残破状态使埃及学者得以了解大金字塔的内部结构。路德维希·博尔夏特是第一个提出大金字塔分阶段建造的人。总的来说，建造共有三个独立阶段，他依次命名为E1、E2和E3。第一阶段E1采用的是第三王朝阶梯金字塔的建造原则，由中央核心向外的石质同心台阶墙组成。用这种方法先将七阶金字塔拔高到近65米，再仔细打磨外表面。然后增加一层石头外墙，扩大整个建筑的规模，这就是E2阶段。由于每个台阶都以这种方法加建，因此原有台阶的连续性没有被打乱，金字塔由七阶增加到偶数的八阶。从现在裸露的抛光外墙面判断，这一阶段当时也完成了。最后，斯尼夫鲁的建筑师对金字塔的外形进行了彻底改造，沿水平方向增加石砌外层，直到整个建筑呈现新模样，即三角形轮廓的真正的金字塔。

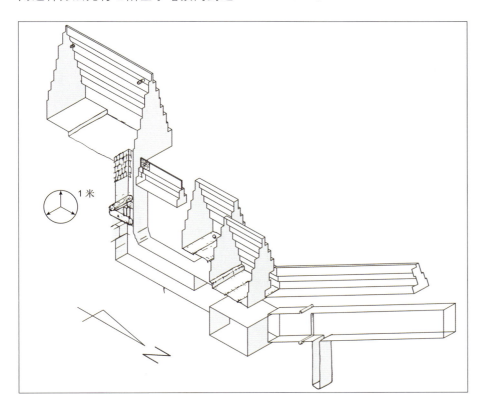

1米

上：斯尼夫鲁的代赫
舒尔金字塔。
（弗兰克·莫尼耶）

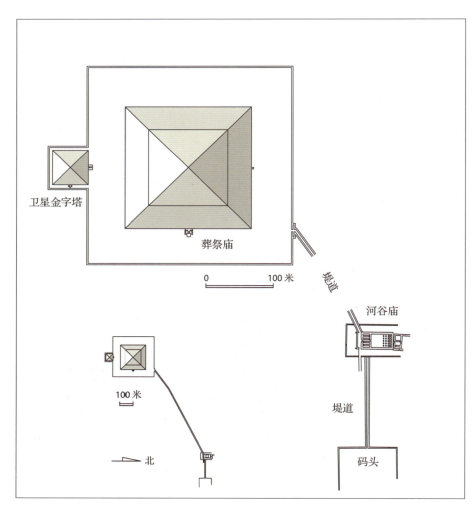

卫星金字塔

葬祭庙

0   100 米

堤道

河谷庙

100 米

堤道

北

码头

右：弯曲金字塔建筑
群平面图。
（弗兰克·莫尼耶）

塔面的倾角在一定程度上受已有底层建筑的形状影响，但最后都保持在统一的51°50′，该倾角随后被建于吉萨的胡夫金字塔采用。弗林德斯·皮特里在其勘测报告中指出了这一相似性，并讨论了它的象征意义，本书稍后将详细分析。美杜姆金字塔虽与大金字塔外形相同，但规模较小。E3阶段完成后，金字塔的底面边长为144.32米，塔高91.90米。换算成埃及肘尺，相当于边长1 100肘尺，高约175肘尺，仍是名副其实的庞然大物。

美杜姆金字塔内部通道和墓室的主入口建在北塔面18.50米（即35肘尺）处，比金字塔南北轴线略偏东。进去后是一条长长的下行走廊，走廊分两段，分别在E2和E3阶段完成。第一段距入口13.35米，再继续延伸进前一阶段的结构。两段的分界处，走廊倾角从30°23′略降至27°36′，随即继续延向塔心，深入地下约44米的基岩中，然后水平通向前室。

虽然砌石的原料是细粒石灰石，但第二段下行走廊的墙壁材料质量普遍极为低劣，这就导致墙壁剥落严重，使得走廊如今看来像长长的山洞。德国地质学家迪特里希和罗斯玛丽·克莱姆的分析显示，工程前两阶段使用的石灰石材料来自当地采石场，而最后阶段使用的材料则加入了尼罗河对岸山上的马尔萨拉采石场的细粒石灰石，这是后世所有金字塔的覆面石材。很可能当地原料在E3阶段耗尽了，只得转向别处寻求优质建材，以完成工程。状况同样不佳的还有非列在水平走廊中的两个前室。水平走廊长近10米，高1.80米，连接着

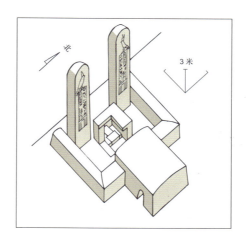

左上：弯曲金字塔葬祭庙或葬祭堂及其两块纪念石碑复原图。（弗兰克·莫尼耶）

左下：发掘出的原本立于葬祭堂西侧的石碑。（开罗博物馆，弗兰克·莫尼耶摄）

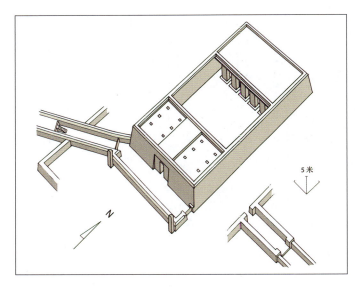

上：弯曲金字塔河谷庙复原图。（弗兰克·莫尼耶）

下：弯曲金字塔内部墓室及通道局部剖视图。（弗兰克·莫尼耶）

第一墓室。该墓室长2.60米，宽2.20米，稍偏向走廊东侧。第二墓室的大小与第一墓室几乎相同，只是偏向走廊西侧。

最近，由吉勒·多尔米翁和让-伊夫·韦德赫特领导的法国团队，在这两个墓室正上方发现了两个独立的阶式梁托拱顶（形似一对倒置的台阶，向上缩成一个尖顶）。下面的走廊最南端连接着一条形状不规则

的竖井，能通往金字塔中最重要的墓室——安葬室。相比斯尼夫鲁的其他两个代赫舒尔金字塔安葬室，这间的面积极小，仅有5.90米×2.65米（约11肘尺×5肘尺）。拱顶高5.05米（约10肘尺）。弗林德斯·皮特里在竖井底发现了普通木棺碎片，并判断它们是古王国时期常用的木材，但由于碎片保存状况不佳，无法进行碳14测年以验证此说法。

弯曲金字塔

代赫舒尔南部的弯曲金字塔可能是斯尼夫鲁在位时兴建的第二座大金字塔。以它为中心建有一圈正方形围墙，每边长299米，厚2米。唯一的入口在围场北墙上，该入口将墙内的圣地与墙外的堤道连接起来。墙内侧入口有两扇木门。围场内有几座散落的建筑，包括一间摆着石灰石供桌的泥坯祭堂。这间祭堂位于金字塔入口的正下方，即北塔面底侧。在东塔面底还有一间稍大的葬祭庙，葬祭庙有

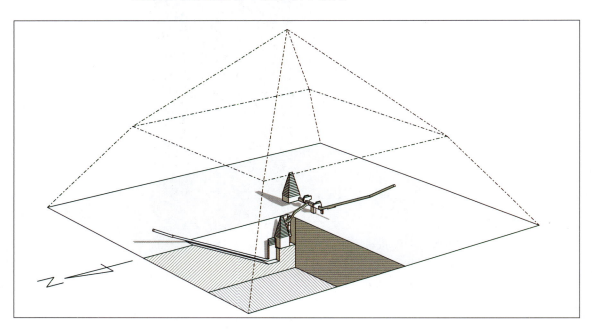

自己的高墙，墙内有两个高大的石灰石石碑和一张供桌。石碑与美杜姆石碑一样都是圆顶，但高度是其两倍，将近10米高。碑上精雕细刻的法老王名框在栖息着荷鲁斯神鹰的塞拉姆王徽里。这种排布不禁让人想起前朝法老所用的符号，但这里多了一个王名框圈起的登基名：斯尼夫鲁，"使一切完美的人"。

总体来说，祭庙的比例适当，不像后世法老王陵那样追求宏大。这座祭庙在中王国时期经历过多次改用和扩大。

露天堤道两侧有两面长704米的平行高墙，用来保护往返于河谷庙与金字塔祭祀法老的祭司。河谷庙宽26.20米，长47.16米（即50肘尺×90肘尺）。如此规模的祭庙前所未有，其墙上浮雕也空前精致。刻在一块砌石底的日期显示，它是在斯尼夫鲁统治期的第15次人口清查时落成的。由此可知，这座祭庙的建造时间，与弯曲金字塔的最后阶段、代赫舒尔北部的红金字塔的奠基以及美杜姆金字塔的最后阶段处于同一时期。河谷庙共有三部分：储藏库；其北侧间隔以有两排装饰柱的庭院；一排六间小祭堂，每个小祭堂都陈列着一尊巨大的斯尼夫鲁雕像。

庙墙上刻有低矮的浮雕，场景多种多样，包括奠基仪式和赫卜塞德节典礼。法老巡幸各处圣地的场面，加上众多描绘王家庄园的符号，组成了空前丰富的画面内容。另有一条长148米的砖砌道，将这处宗教建筑连通到一个145米×95米的矩形池塘。每当尼罗河泛滥、沟满壕平时，池塘就会灌满水，这是已知最古老的王陵建筑群

码头。这些祭拜场所先是在中王国时期和新王国时期被占作他用，后来到第十八王朝时被拆了作为建筑材料。

弯曲金字塔高104.71米，底面是一个正方形，平均边长189.43米。它的四个塔面与基本方位大体一致，平均误差仅有0.25°。如果不是在离地47.04米处出现了倾角从55°到44°的"弯曲"，它完全可以被视作真正的金字塔。这座金字塔的独特之处还在于，它内部有两套独立的墓室–通道系统：一套入口位于北塔面，距地面11.33米；另一套入口在西塔面，距地面32.76米，是古王国时期内部结构的唯一代表。两套内部系统都有一个阶式梁托拱顶的大墓室，两个大墓室由一条隧道连接。这条隧道是修建者从石墙里挖出来的，时间应该在建造晚期、西入口永久封闭之前。北入口通道第一段长12.60米，坡度为28°38′；第二段长66米，坡度为26°，直达金字塔深处。

两段通道的连接处墙壁开裂非常严重。通道到底，是一处狭窄的前室，上方有高大的阶式梁托拱顶，对面墙上离地6.75米处有一个大入口，能通向低处的那间大墓室。这个墓室东西宽4.96米，南北长6.30米，上方

下：弯曲金字塔下行通道通向的阶式梁托墓室。这间高17.3米的墓室是所有金字塔中最高的。
（瓦列里·森穆坦·安德罗索夫）

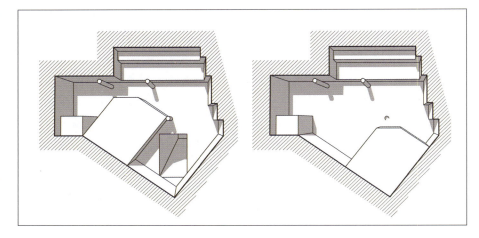

有一个巨大的阶式梁托拱顶，拱顶越往上越窄，最后竟高达17.30米。墓室墙上有浓重的砂浆痕迹，说明拱顶内曾砌满石块，只有下面的墓室是空的。墓室南墙根有一道门，门另一侧是一个短通道，连通着一条名为"烟囱"的垂直竖井。沿竖井向上15米就到了尽头，尽头被两块互相倚靠的石块挡住了去路。在烟囱这侧井墙的壁龛边竖有两块石板，似乎是专门摆放在这里的，待竖井的任务完成后，就将它永久封闭。

弯曲金字塔的内部结构与美杜姆金字塔有部分相似，尤其是连接减重室拱顶的通道，以及可能直达安葬室的烟囱。总体而言，从封闭的竖井和两个未使用的封石来看，建筑师在工程初期修改了设计，最初计划连接烟囱的安葬室根本没建。这一说法并非毫无根据：在拱顶墓室南墙上距地板12.60米处，有一条长长的隧道，该隧道绕过封闭烟囱的顶部，将上下两套墓室系统连接起来。

从西入口深入金字塔的通道也有两段。第一段相对陡峭，坡度为30°9′，长21.81米；第二段相对较长，长45.85米，坡度为24°17′。通道末端连接着一条水平走廊，此处仍然高出地平面几米。水平走廊设有两个横向滑挡封墓系统，一东一西，其原理相同。这个系统的目的是固定并释放石板以封闭走廊，不过只有西侧那个成功启动了，而这块封墓石早已被古代的盗墓者凿穿。从此滑块两侧接缝

上：位于代赫舒尔的斯尼夫鲁红金字塔或北金字塔。（弗兰克·莫尼耶）

处的灰泥可以看出：早在西入口封闭前，这个由西进入的通道系统就已经用这块封墓石挡死了，而当时北墓室系统仍然能进出。由此可知，连接两个系统隧道的挖掘者不是盗墓贼，而是修建者，这样他们就能继续从下层系统进入上层系统，最后从北入口撤出金字塔。

每个封闭装置都有一个横向的安放空间，里面配备着一块5吨多重的石灰石板。石板被一根大木梁固定

在倾角为35°的斜坡上。封闭金字塔时，把木梁抽出，石板就会在重力作用下滑落到位。穿过封闭装置，在走廊的尽头，就是阶式梁托拱顶安葬室，位置比北通道系统中的大墓室高。这间墓室的底面呈矩形，梁托拱顶为东西走向，长7.97米，宽5.26米。墓室四墙都有梁托拱顶，最低处离地板3.20米，最高处近16.50米。

这处拱顶的表面腐蚀非常严重，几乎辨识不出阶式梁托。墙壁布满裂

右：红金字塔建筑群平面图及其葬祭庙重建等距视图。（弗兰克·莫尼耶）

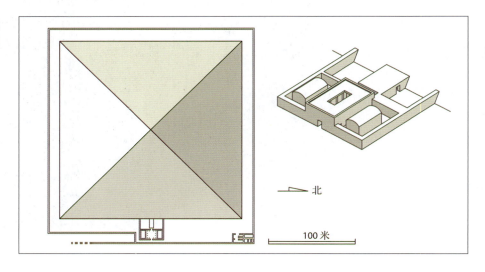

北

100 米

缝，也没有经过打磨，墓室里曾堆放着一块6.54米厚的硬石。到了现代，这块石头大半已被分解清理。人们在清理时发现了一个用黎巴嫩雪松搭成的坚固框架，其为金字塔建造时安装的，被巨石压了数千年而纹丝不动。现在它仍然占据着墓室后墙边的部分地面。

弗兰克·莫尼耶和亚历山大·普奇科夫的一项研究表明，该墓室在建造过程中经历了多次更改，包括两次增高地面。拱顶的梁托还被二次切割，以打造几乎平滑的墙面。

红金字塔

红金字塔或北金字塔位于弯曲金字塔以北，两者相距不到2千米。它所用的当地石灰石材料呈棕色或红色，昵称由此而来。红金字塔是第三大金字塔，并拥有经典的等腰三角形截面，与弯曲金字塔的卫星金字塔和美杜姆金字塔竞争第一座"真"金字塔的宝座。它理所当然地是保存至今的此形状金字塔中最古老的范例。

红金字塔建筑群的构成很简单：一座主金字塔，一间挨着东塔面建的葬祭庙，以及圈着它们的围墙。该建筑群没有卫星金字塔拱卫在侧，而且似乎也没有建过堤道，以连接葬祭庙和下面的河谷庙或下游尼罗河冲积平原上的码头。葬祭庙的规模很小，但比起美杜姆金字塔和代舒赫尔南部的金字塔，它的平面布局有明显的进步。入口前堂直通一座小列柱中庭，两侧耸立着壁龛。庭中祭棚前设有供桌。围墙外东南方向是斯尼夫鲁朝臣们的墓葬群。

红金字塔的底面是边长为219米（约420肘尺）的正方形。四个塔面精准地朝向四个基本方位。东塔面与

左：红金字塔的第二间宏伟的阶式梁托墓室。
（弗兰克·莫尼耶）

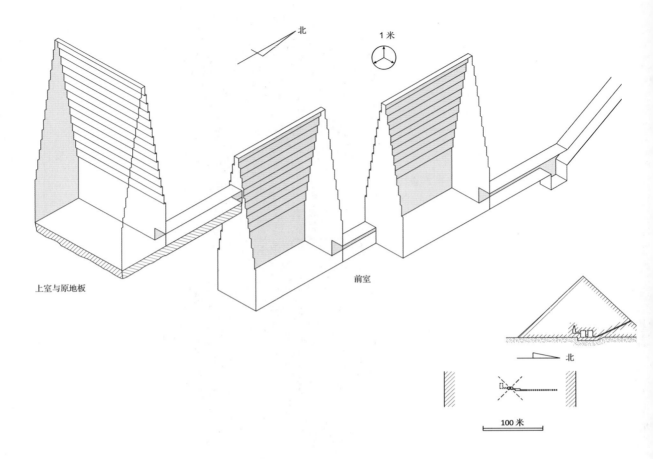

北

1米

上室与原地板

前室

北

100米

上：红金字塔的阶式
梁托墓室系统的等距
视图、剖面视图及平
面视图。
（弗兰克·莫尼耶）

正南正北轴线的角度偏差仅8.7′（约七分之一度）。虽然缺失的塔尖部分倾角没有定论，但若以塔面的平均倾角约为44°44′估算，金字塔的原始高度为109.54米。金字塔的覆面石和衬石用图拉细粒石灰石制成，大部分已在古代（译者注：古代尤指古希腊和古罗马时期）和阿拉伯时期拆作他用，留在原位的只有很少，主要分布在东塔面底部。底面的西东落差不到10厘米。

虽然大部分覆面石已失，但金字塔总体状况非常好。长方体石块呈水平层状排列，各层的高度略有差异，大致自底向顶逐渐变矮，即从0.9米减小到0.6米（或1肘尺出头）。这一建造方法与后来的胡夫金字塔极为相

似，胡夫金字塔可能是建筑师根据弯曲金字塔建造中的经验总结而修建成的。红金字塔低于同期建筑的倾角也支持这一假设。新方法显然很有效，其结构之稳固，使后代建筑师和修建者敢于大胆尝试，为胡夫金字塔设计了更大的倾角。

通往金字塔内部通道和墓室的主入口位于北塔面，比金字塔南北中轴线略偏东，距地面30.92米。下行通道宽1.04米，高1.16米，与后来的胡夫金字塔通道规格相同。通道以27°36′的倾角向下穿过金字塔中心，中心处高度与地表面几乎持平，胡夫金字塔的通道也用了相近的倾角。沿通道下行55.55米后，进入一

个1.35米高、7.43米长的水平走廊。走廊共连接着三间大墓室，第一间是精巧的前室，长8.33米，宽3.65米，上面有阶式梁托拱顶，仅在东西两侧收拢，总高度为12.31米。

前室南墙上靠近西南角的地方有一个开口，连接着第二条水平走廊。这条走廊与前一条规模相当，直通位于金字塔顶正下方的第二间大前室。它与第一间前室几乎完全相同，只是在南墙上离地板7.80米处有一个通向第三条水平走廊的入口，这个入口若是被饰面石挡住，根本不可能找得到。现在这个入口下安了一架木质楼梯。第三条水平走廊长7.38米，尽头就是第三间阶式梁托大墓室。第三间也是最后一间墓室是金字塔的主墓室（即安葬室），它的形制与前两间类似，只是规模更大，而且呈东西走向。其入口走廊最初只有1.05米（约2肘尺）高，但在某个未知的历史时期，它的地面被挖深，使得高度增加到了1.88米。

主墓室长8.35米，宽4.18米，有斯尼夫鲁时期典型的阶式梁托拱顶，最高处为14.67米，拱顶只在东西两侧内倾。盗墓者挖开地板并拆走基石，露出了4米深处的地基。从这里我们得知，地基和外层砌石一样，都是打磨规整的条形石灰石块。关于盗墓者这一点并没有疑义，他们已经财迷心窍。很可能也是同一伙人挖低了安葬室和第二间前室之间的走廊地板，以便运走挖出的松土。他们还在第一间前室南墙角挖了几英尺（1英尺≈0.305米，后同）。挖这一特定地点的缘由目前人们仍不清楚，但是，考虑到人们从未在这里找到过石棺碎片，我们可以假设当时就没有石棺，于是这些早期"探险家"只好到别处寻找。他们的努力虽然白费，但是挖出的条石品质之高，与美杜姆金字塔和弯曲金字塔内部的混乱外观形成鲜明对比。同样，红金字塔的阶式梁托拱顶状态如此之好，让人很难相信它们已如此古老。

1950年，艾哈迈德·巴特拉维对墓室里发现的人类遗骸分析后指出，这些遗骸的年代可追溯到古王国时期，暗示可能属于斯尼夫鲁。类似的研究又分别在20世纪40年代和50年代进行，然而均被更现代的分析技术推翻。还有专家认为，这座金字塔很可能遭遇了多数古王国时期大墓的命运：被后世王朝的盗墓者和探奇的埃及人打开又另作他用了。

象征意义

左塞尔阶梯金字塔采用金字塔形的原因及其对古埃及人的意义，一直是许多业余和学术理论的研究主题。左塞尔阶梯金字塔的第一阶段是一座表面光滑的正方形马斯塔巴，与早王朝时期以来传统的、有宫殿立面的长方形陵墓明显不同。阶梯金字塔确实与附近一座阶梯形墓葬（马斯塔巴3038）有些相似，但是经过几次扩建后，左塞尔的阶梯金字塔才出现了接近金字塔的模样。有些人将这些马斯塔巴和早期金字塔视为原始土丘的象征。原始土丘在古埃及神话中经常出现，是原始世界被努姆河淹没后露出来的最早陆地。根据后世传说，神鹰荷鲁斯第一次落地就是在这种土丘上。

第五王朝的奈弗里弗拉金字塔（位于阿布西尔，未完成）曾被称为iat，意思是"山"或"丘"，因为它那未完成的样子很像一个方形的马斯塔巴。阶梯金字塔则与之相反，被称为mer，即真正的金字塔。从第四王朝初期开始，真正的金字塔要在塔顶安放方尖锥，叫作benbenet（benben的阴性形式），它显然是原始土丘的象征。在吉萨东北20千米处，太阳崇拜的中心赫利奥波利斯神庙，顶上也有一个benbenet塑像，该塑像被奉

下：太阳光照射在塞加拉的"红"土地上。（弗兰克·莫尼耶）

为圣石。关于金字塔对古埃及人的意义一直众说纷纭。有学者认为金字塔代表原始汪洋中出现的土丘，其他学者则认为象征着太阳，金字塔的塔面寓意太阳的光线，法老可以沿着它们升到天空，与拉神一起统治。

在古王国时期，早期金字塔的阶梯似乎代表着众神为死去君主准备的登天楼梯，这一意思常常在金字塔文中得到体现。从第五王朝末期开始，法老王陵的墙上会写着："将大地做成登天的阶梯，好让他升上天堂！"（法老乌纳斯的金字塔文，267节，365句）。

葬祭庙的建造位置也体现了此意思。第三王朝时的葬祭庙都位于地下，但到第四王朝初代法老斯尼夫鲁时已改到地上。有些学者将金字塔形的出现与埃及宗教中的太阳崇拜联系起来，而第一座金字塔的设计者，正是太阳崇拜的最高代表、赫利奥波利斯大祭司——伊姆霍特普。可能是他

首创了这一标志形态。

根据这一理论，从第三王朝伊始，有关法老死后的埃及信仰体系，逐渐向赫利奥波利斯的太阳崇拜偏移，法老死后不再沉入阴暗的地下，而是升入天国。太阳崇拜的兴起，很可能是第三王朝法老们越发追求全能的结果，其最具体的表现就是法老王陵越来越凌驾于周围权贵的坟墓。曾经的天空之神荷鲁斯变成法老的守护神，它的形象只有法老及其近亲才能

上：位于吉萨的孟卡拉金字塔。
（弗兰克·莫尼耶）

左：古王国时期建造的各金字塔相对用石量示意图（浅灰色是未完成建筑的估算数据）。
（弗兰克·莫尼耶）

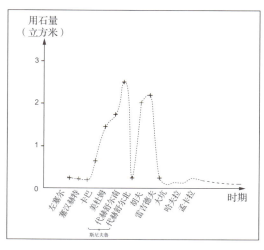

使用，其他人哪怕地位最高的官员都没有资格。

法老倾举国之力建造自己的王陵，以此向全体臣民证明自己的至高无上。他的宏伟王陵，以及他兴建这些庞然大物的能力，彰显了法老的神圣地位。他的金字塔以及与之相关的信仰，清楚地表明法老是埃及的最高神——拉神的人间化身。

大金字塔时代结束于孟卡拉统治时期。下一任法老，也就是第四王朝的最后一位法老——谢普塞斯卡弗，开心地将自己的王陵选在塞加拉，并且改回了马斯塔巴。这座100米长的墓虽然相当壮观，但比起前几代法老的金字塔逊色不少。从第五王朝初起，法老王陵就遵循一致且标准化的形制，远远小于第四王朝早期的超大建筑。停止建造巨大金字塔的原因尚不清楚，一个可能原因是节省下来的投入可能用于前代金字塔的建造，削减的人力也被派去建造和装饰神殿。这样就制作了更精致、华美的浮雕，表达更复杂的意思。巨型金字塔的象征意义逐渐让位于更细致巧妙的创作，其顶峰便是第五王朝末期的金字塔文的编纂、创作。另一个可能原因是，官僚势力的再次崛起，导致王权的削弱和分化。这一变化可能是第四王朝初期几项超级工程引发的经济困境的最终结果，也最终证明修建大金字塔只会消耗国力，没有实际效益。入不敷出导致经济失衡，进而引起等级崩溃，王权外流。

巴勒莫石碑能提供一些启示。它记载了斯尼夫鲁曾多次征伐外国，带回奴隶和各类值钱的物产，后任几位法老在这方面却乏善可陈。军事行动需要极大的经济支出，经过数十年的大兴土木，耗用了全国的人力后，军队是否有能力发动大规模侵略战争还是未知数。这些军事行动可能对大金字塔工程的经济支柱产生重大影响，但是目前掌握的文献并没有提到军事能力是否丧失。

然而，很可能是因为经济因素，孟卡拉决定缩小自己的第三座吉萨金字塔的规模。值得注意的是，杰德夫拉（胡夫和哈夫拉中间的法老）也在吉萨以北几千米处修建了同样大小的金字塔。杰德夫拉有孟卡拉的克制做先例。无论是出于自己的远见，还是经济颓势越发明显，杰德夫拉决定终结其祖先的穷极追求，但他没能说服哈夫拉保持节约。虽然追求高大陵墓在哈夫拉的统治下再度兴起，但很明显，为神化法老地位而劳民伤财地兴建毫无实际用处的大金字塔，这种政权注定会失败，尤其是面临外部挑战时。

在经典金字塔建筑群的发展过程中，主建筑及其附属建筑经历了许多变化，最终形成一种最能反映当时流行的丧葬信仰的形式。早期的金字塔群，如左塞尔阶梯金字塔及其围场，虽有巨大的技术创新，但保留了大量早王朝时期陵墓和围场的元素。第二王朝以前，墓丘与葬祭庙围场各自独立，左塞尔和塞汉赫特将两者合为一体，都保留了下来，围场的整体布局也遵照传统取南北向，然而安葬室则大部分位于地下，混杂着交错的大走廊、墓室和储物库，如左塞尔前任法老尼内特吉和霍特普塞海姆威的地宫。

背靠金字塔北侧的葬祭庙摆放着祭祀者每日奉上的供品。最初它们是为永生而建，用的材料也易腐烂，现

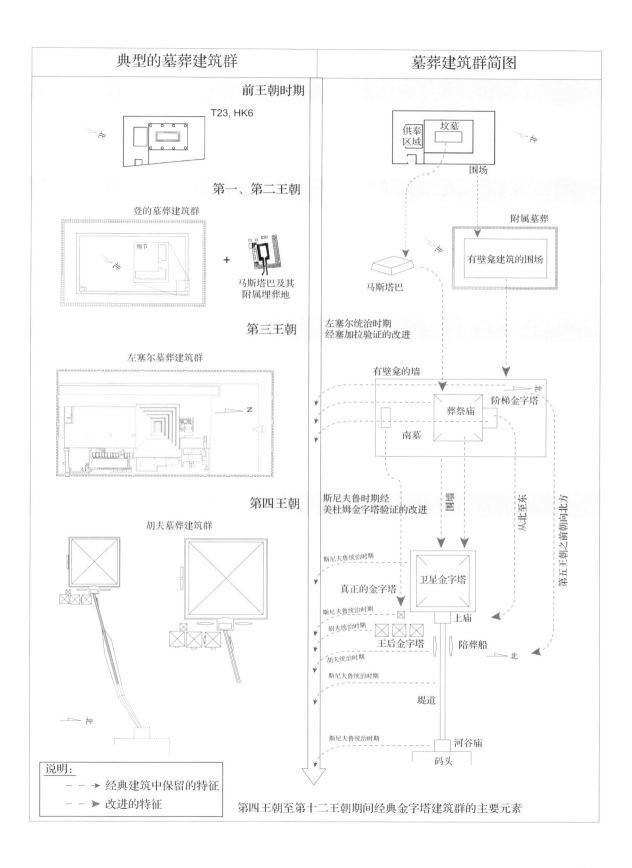

典型的墓葬建筑群

墓葬建筑群简图

前王朝时期

T23, HK6

北

供奉区域

坟墓

围场

北

第一、第二王朝

登的墓葬建筑群

细节

北

+

马斯塔巴及其附属埋葬地

附属墓葬

有壁龛建筑的围场

北

马斯塔巴

第三王朝

左塞尔墓葬建筑群

左塞尔统治时期经塞加拉验证的改进

有壁龛的墙

阶梯金字塔

葬祭庙

南墓

北

第四王朝

斯尼夫鲁时期经美杜姆金字塔验证的改进

胡夫墓葬建筑群

斯尼夫鲁统治时期

真正的金字塔

斯尼夫鲁统治时期

胡夫统治时期

王后金字塔

胡夫统治时期

斯尼夫鲁统治时期

北

卫星金字塔

围墙

从北至东

第五王朝之前朝向北方

上庙

陪葬船

北

堤道

斯尼夫鲁统治时期

河谷庙

码头

说明：
－－→ 经典建筑中保留的特征
－－→ 改进的特征

第四王朝至第十二王朝期间经典金字塔建筑群的主要元素

49

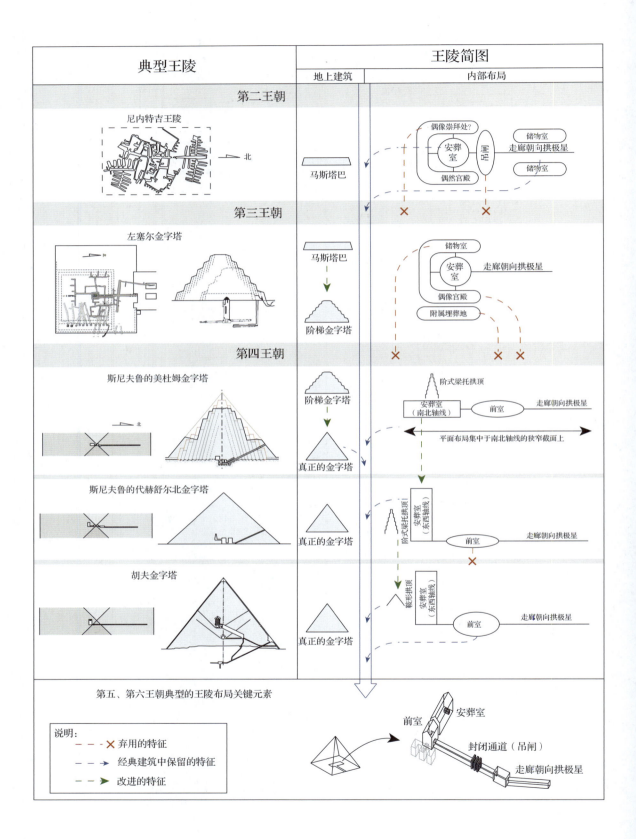

典型王陵	王陵简图	
	地上建筑	内部布局

第二王朝

尼内特吉王陵

马斯塔巴

偶像崇拜处？
安葬室
吊闸
偶然宫殿
储物室
走廊朝句拱极星
储物室

第三王朝

左塞尔金字塔

马斯塔巴
↓
阶梯金字塔

储物室
安葬室
偶像宫殿
附属埋葬地
走廊朝向拱极星

第四王朝

斯尼夫鲁的美杜姆金字塔

阶梯金字塔
↓
真正的金字塔

阶式梁托拱顶
安葬室（南北轴线）
前室
走廊朝向拱极星
平面布局集中于南北轴线的狭窄截面上

斯尼夫鲁的代赫舒尔北金字塔

真正的金字塔

阶式梁托拱顶
安葬室（东西轴线）
前室
走廊朝向拱极星

胡夫金字塔

真正的金字塔

鞍形拱顶
安葬室（东西轴线）
前室
走廊朝向拱极星

第五、第六王朝典型的王陵布局关键元素

前室
安葬室
封闭通道（吊闸）
走廊朝向拱极星

说明：
- —·—✕ 弃用的特征
- ---→ 经典建筑中保留的特征
- ---→ 改进的特征

50

在它们负责永远供养逝去的法老。

虽然此后直到第三王朝末期建起的墓葬建筑群制式都不完整，但始终遵守着传统，几乎无例外。直到第四王朝初期斯尼夫鲁当政时，才彻底打破了传统，彻底抛弃了自提尼斯时期以来一直使用的几种元素。阶梯金字塔的围场和复杂的地宫，让位给远大于附属建筑的真正的金字塔。古王国时期经典王陵建筑群的核心元素各自就位：高地上紧挨金字塔的葬祭庙，与河边港口和河谷庙相连的堤道，主金字塔南侧的卫星金字塔，大幅度减小的围墙和近处的附属金字塔。总体朝向也发生了变化。从那时起，建筑群的中轴遵循太阳的行进方向，从东向西。堤道也自东而上，从河谷庙到金字塔东侧的葬祭庙。沿着堤道一路上行，就是从黑土地上的凡间，来到了沙漠边缘红土地上的冥界。

第四王朝王陵建筑群的布局更加明确，而且更具抽象意义和象征意义。葬祭庙成了呈献供品、礼拜法老的祭堂。金字塔的四个塔面变得平滑，而且有仔细打磨的覆面，像一个指向天空的倒"V"形，周身闪着耀眼的光芒。

墓室保留了简约设计和简单布局。它们仍然可以从北塔面入口经由下行通道进入，但墓室不再设在地

下，而是建在更高的石头主体中，有时甚至高于地面。自代赫舒尔红金字塔以后，主墓室朝向改为坐东向西。在胡夫统治时期，建筑师们似乎曾试图将墓室完全回归地下，因为当时人们在地下30米深处挖了一个大洞。但是建筑师们在第一次尝试后放弃了，他们最终决定将安葬室建到前所未有的高度。然而，由此出现的工程难题使得法老无法进入他的安息之地，后世的建筑师决心不再将安葬室建在地面以上。带有花岗岩门框的前室是一个成功的改进，此后也多次沿用。经典的安葬室的内部布局也变成坐东向西、有阶式梁托拱顶的结构。石棺仍然摆放在西侧，面朝冥界。

最重要一处宗教元素，就是通往北塔面的下降长通道。法老的灵魂可以沿着它飞向北方天空的拱极星。

"愿他加入不朽之星"（法老佩皮二世的金字塔文，474节，940a句）。

金字塔外挖有大坑，以安放法老的御船。王后也有自己的金字塔，以陪法老去往冥界。曾经的小甬道变成了庄严的堤道，葬祭庙加上了大列柱中庭，通向供奉堂和圣地。在哈夫拉统治期间，这些礼拜建筑的发展对古王国时期的建筑产生了重大影响。河谷庙和葬祭庙用大条石搭成，各有列柱大厅或中庭，两侧设有多个小室

对页：第三王朝至第四王朝坟墓设计所用的布局及概念。（弗兰克·莫尼耶）

下：塞加拉阶梯金字塔建筑群下南北走廊中的赫卜赛德典礼连环浮雕。（戴维·莱特博迪）

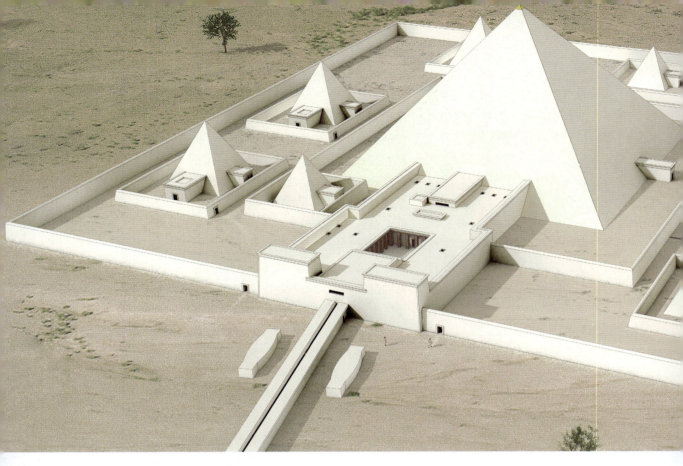

和走廊，供祭司们举行日常仪式、存放礼器和圣物。葬祭庙里还供奉着几十尊精美的法老雕像，与众神站在一起或坐在王座上。葬祭庙深处通常有一排五个小祭堂，陈列着五尊法老塑像。第五王朝和第六王朝的葬祭庙布局由外而内依次为per-uru（前厅），

上：典型的第六王朝金字塔建筑群复原图。（弗兰克·莫尼耶）

下：经典金字塔建筑群建筑关键元素。（弗兰克·莫尼耶）

wuseret（中庭），五间法老雕像小祭堂，储物室，供奉堂。在金字塔内部，第四王朝时期的墓室和走廊没有浮雕也没有任何铭文。这些元素的缺失让幕室显得异常乏味，与同时期画满祭祀场面和艳丽生活场景的私人坟墓形成鲜明对比。

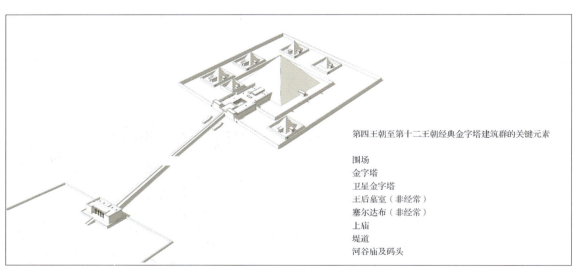

第四王朝至第十二王朝经典金字塔建筑群的关键元素

围场
金字塔
卫星金字塔
王后墓室（非经常）
塞尔达布（非经常）
上庙
堤道
河谷庙及码头

但是，有证据显示吉萨的堤道墙曾刻有浮雕。希罗多德对此有过描述，埃及考古学家萨利姆·哈桑也在胡夫金字塔附近发现过它们的碎片。胡夫建筑群的浮雕碎片也被挪去装饰中王国时期的金字塔了。

通过比较胡夫前任和后任法老的浮雕素材，可以得到有关胡夫建筑群浮雕的更多信息。例如：弯曲金字塔的河谷庙中有许多描绘赫卜赛德典礼的浮雕；第五王朝的萨胡拉金字塔、第五王朝的纽塞拉太阳神庙和第六王朝的佩皮二世金字塔建筑群也装饰有赫卜塞德典礼的场景。我们可以据此推断，赫卜塞德典礼在胡夫统治期也有重要意义，而且在他的一个或两个葬祭庙，甚至可能在他的堤道中，都曾着重描绘。

同样，同时期王族雕像和王室

家具上的雕刻装饰，也是胡夫统治期重要、传统的主要信息补充来源。胡夫时代的雕像只保存下来一尊胡夫雕像、几片别人雕像的碎片和少量浮雕碎片，但是通过研究陪葬家具、前后朝留下的雕像和浮雕，如他父亲斯尼夫鲁和他母亲海特菲莉斯的相关手工艺品，并将它们与现存的哈夫拉和孟卡拉雕像对比，我们就能知道，常见的法老元素（如抓着圣环的荷鲁斯以及王名框）在胡夫统治期间也很重要。神鹰荷鲁斯不但出现在他母亲的木质王座侧面，还拥抱着名为"哈夫拉登基"的雕像头部。莲花–莎草统一图案雕刻在哈夫拉王座两侧的显眼位置，以及孟卡拉雕像的王座侧面（现陈列于波士顿艺术博物馆），可知胡夫的登基雕像可能装饰有同样图案，并且他实际使用的王座可能也是这样装饰的。

记载早王朝时期和古王国时期大事的巴勒莫石碑，将使用莲花–莎草图案的典礼描述为"围墙内绕圈，统一两地"。这是哲尔和左塞尔统治期多次进行的重要大事。许多重大典礼

下：法老孟卡拉王座两侧刻的第四王朝主要法老象征，现藏于波士顿艺术博物馆。（戴维·莱特博迪）

右：饰满王宫立面图案和闪烁群星的尖拱顶法老墓室。墓主为第五王朝末代法老乌纳斯；石棺用硬砂岩制成。
（弗兰克·莫尼耶）

都有在领地或领地代表物上走圈或跑圈表达对领地的占有，如代表埃及南北部边界的赫卜塞德矮桩。古埃及学家托比·威尔金森认为，赫卜塞德典礼与法老登基时在孟菲斯举行的绕墙仪式具有相同意义。丧葬中出现的赫卜塞德图案，暗示人们希望法老死后能继续举行这些典礼，并保佑埃及统一、稳定。

第五王朝末代法老乌纳斯是第一位用浮雕装饰安葬室的人，他的目的是用金字塔文为自己提供全方位保护。金字塔文是长篇经文，包含方剂、祈祷文和咒语，部分经文仅在下葬当天吟诵。古埃及人认为这种古老仪式和信仰教义的结合，吸收了冥界之神俄塞里斯的重生循环，神奇地保护着法老（译者注：俄塞里斯本为法老，但被弟弟赛特杀死并碎尸。妻子伊斯西将俄塞里斯的尸体找齐制成木乃伊后将其复活，成为冥界之神。儿子荷鲁斯成为法老）。金字塔文是人类已知的最古老的宗教经文，可能记录了当时只记在纸莎草纸上或口头传诵的概念。也许是因为当时法老崇拜已开始式微，后任法老可能无力维持，于是乌纳斯想用金字塔文保证自己的永生。无论当时的政治局势如何，他的死后供奉如何，只要有金字塔文的法力保护，法老就能继续每日的重生轮回，在天界与冥界间循环，并高坐众神之间。金字塔文的一行（274节，406c句）清楚地指出，法老会在死后环绕周天，类似赫卜塞德典礼。

右：一柄饰有胡夫王徽和王名框的古王国时期燧石佩塞刀，发现于孟卡拉河谷庙，现藏于波士顿艺术博物馆。这些仪刀是在法老葬礼上为木乃伊进行"开口"仪式的礼器，这样死去的法老的卡就能呼吸，能享用供品，他的灵魂（阿赫）就能离开身体。（"卡"常译为"灵魂"或"精神"。当人出生时卡就存在。埃及人认为人出生时公羊神克奴姆用陶轮制成了卡。人死时就"见到他的卡"。肉体死后卡还会继续存在，因此会建造塞尔达布进行供养。）死者的雕像也要进行这一仪式后才能呼吸并成为承载着法老灵魂的载体。
（戴维·莱特博迪）

𓏏𓏤𓀭𓇾𓏏𓇾𓏏𓏤𓇳𓈖𓇾𓏤𓇾

特提鲁绕行两岸，现在又开始绕行两天

按考古学家戴维·莱特博迪的说法，这一宗教思想可能给胡夫金字塔最神秘的部分——观星/通风井，提供了一些启示。法老最主要的象征职能：无论是在天界还是人间，统一埃及两地并宣示所有权，保持最南边疆到地中海岸领土上人民的团结，社会的稳定。所以请注意，本书后面讲述的观星/通风井将从法老的墓室引向正南和正北两处天空。虽然古埃及人没有对这些竖井的作用做任何书面解释，但莱特博迪认为，前面概括的建筑和宗教背景都显示，竖井可能与这种领土意识有关。竖井可能是法老灵魂升入北天和南天的通道，或者更恰当的，法老灵魂可以航行其上的水渠，一路到达蜿蜒星空的天河尽头。

在王陵建筑群中心建造一座金字塔建筑是一种传统，并一直延续到新王国时期初期。到那时，底比斯墓葬群上著名的金字塔形山——角山（El Qurn），已经替代了主金字塔。帝王谷的王陵就建在这座尖顶山下，俯瞰着尼罗河西岸。不远处的德尔麦迪那（Deir el-Medina）墓葬群里，造墓人给自己的私人坟墓竖立起小型金字塔。这种建筑形式后来也被努比亚和苏丹的文化吸收，并仿造了几百个。像许多其他追随者一样，努比亚人和苏丹人显然受到了埃及早期王陵的启发。

下：特提墓室墙壁和屋顶上的金字塔文和满天星辰。
（弗兰克·莫尼耶）

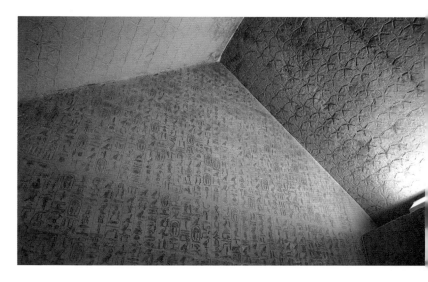

第2章
大金字塔详述

　　大金字塔的建造是一项持续的工程，穷尽了第四王朝建造者的所有智慧与能力。仔细研究它的各个部分，能帮助我们描绘出这个特定时期的建筑细节。

左：大金字塔西塔面。
（弗兰克·莫尼耶）

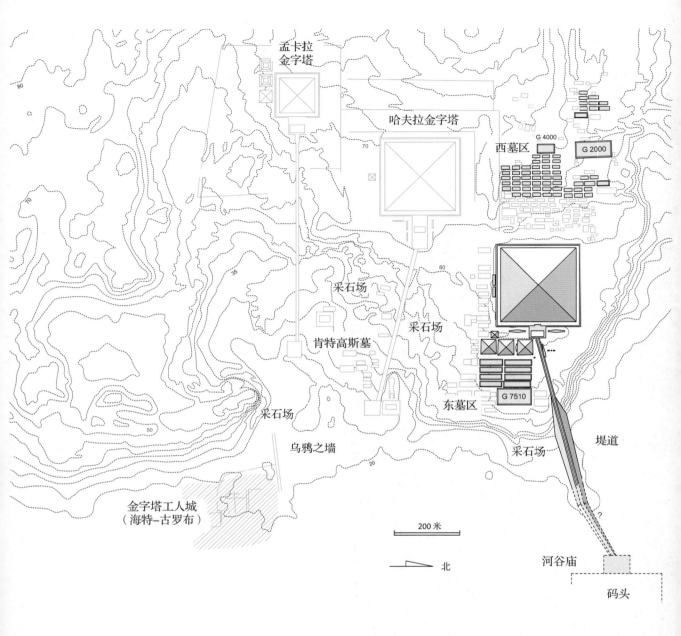

孟卡拉
金字塔

哈夫拉金字塔

西墓区 G 4000 G 2000

采石场

采石场

肯特高斯墓

东墓区 G 7510

采石场

乌鸦之墙

金字塔工人城
（海特–古罗布）

200 米

北

堤道

河谷庙

码头

上：胡夫金字塔建成后吉萨的建造平面图。（弗兰克·莫尼耶）

对页：胡夫建筑群3D复原效果图。（保罗·弗朗索瓦和弗兰克·莫尼耶）

大金字塔周围拱卫着大量祭祀建筑和附属墓葬，大多数是高官、权贵和胡夫至亲的坟墓。东西两侧形成了一处"死者之城"，即墓葬群，现在称为东墓区和西墓区；南北两侧近处则空着。另外，金字塔围场以西也有一条130米宽的空白地带，如今建了一条现代公路。距金字塔底边10米处，曾有一圈3.1米厚、8米高的驼顶

特米诺斯墙(译者注：特米诺斯墙，有石头门的泥砖墙，其建造方法叫"宽底"。这种墙可以整体挪动而不倒塌)。围墙东段与紧挨金字塔而建的葬祭庙的南北边相接。围场地面全部以石灰石板铺成，并配有引流雨水的排水沟。在葬祭庙残存的地基以北处，还有一段排水沟留在原位。

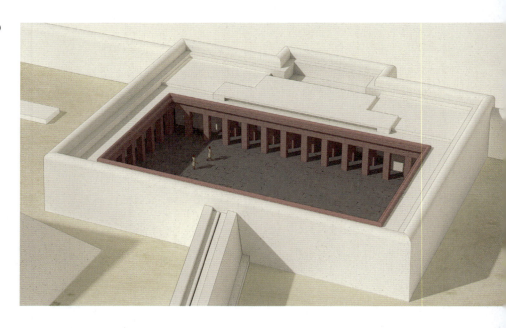

右：胡夫葬祭庙3D复原效果图。（弗兰克·莫尼耶）

葬祭庙

大金字塔的葬祭庙规模空前，甚至超过哈夫拉时期的巨型神庙。从尼罗河冲积平原沿堤道一路向上，就到了胡夫葬祭庙。入口位于葬祭庙东边中心处，访客从那里进入一座立有花岗岩石柱的宽大中庭，地面全部铺以黑色玄武岩（从遥远的法尤姆北部格贝尔－夸特拉尼采石场运来），开了大规模用黑色玄武岩铺地的先河。这种不透明的暗黑石材可能象征着尼罗河定期冲积形成的肥沃黑土，因此能把河谷的生命力送进沙

下：胡夫葬祭庙的遗迹目前只剩下玄武岩地面和基岩上的些许印迹。（乔恩·博兹沃思）

漠，送到金字塔身边。葬祭庙四墙用石灰石建造，而且从此处发现的碎片可知，上面刻满了精美浮雕。

葬祭庙底面呈矩形，占地52.4米×40.3米（即100肘尺×77肘尺），大部分是中庭，站在院中能看到四周石柱撑起的回廊。虽然葬祭庙的大体布局有迹可循，但内部结构，如前堂、走廊、祭堂和壁龛，难以复原，而且所有的解释都基于假设。可以肯定的是，一定存在呈献祭品、供奉法老、举行祭礼的地方。后期，可能是罗马时期或赛斯时期，人们在这里挖了一口巨大的深井，由于这口井没有完工，因此不清楚它是否用作坟墓。

堤道、河谷庙和高台

金字塔东侧的葬祭庙与尼罗河冲积平原上的河谷庙之间曾连有一条巨大的堤道。公元前5世纪的古希腊历史学家希罗多德在参观吉萨时对其进行过生动、细致的描述。从19世纪古董商约翰·雪伊·佩林、霍华德·维斯以及卡尔·理查德·累普济乌斯制作的地图和版画，以及同时期的几幅照片中可以看出，在现代以前，堤道原址仍然保留着大量残迹。

20世纪初当地旅游业的繁荣和周边城市的迅速发展，使得居住在那兹勒特—塞曼的人们将堤道拆作石材，在古老的地基上修建房屋和酒店。吉萨高地四周山坡陡峭，胡夫的建筑师们不得不建造30多米高的地基，好让堤道以平缓的坡度从尼罗河谷平原攀上悬崖边缘到达金字塔身侧。第一位系统性挖掘堤道遗迹的埃及考古学家是埃及人塞利姆·哈桑，他找到了

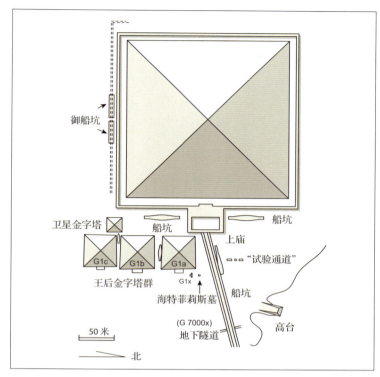

上：胡夫建筑群平面图。（弗兰克·莫尼耶）

下：葬祭庙平面图。（弗兰克·莫尼耶）

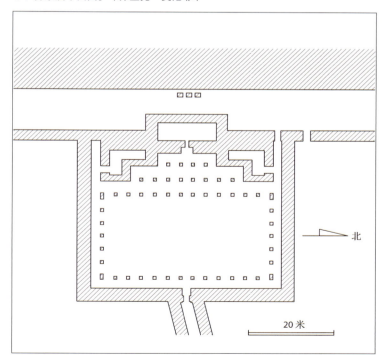

上：巨大的堤道遗迹
在19世纪仍然可见。
后来修建那兹勒特–
塞曼时被悉数拆尽。
（罗伯逊和贝亚托，
1857）

对页：山脊边缘的几
块砌石就是连接胡夫
建筑群的两座葬祭庙
的宏伟堤道的一部
分。下方的尼罗河冲
积平原如今已完全被
现代开罗市郊覆盖。
（弗兰克·莫尼耶）

堤道的浮雕碎片。后来，法国的埃及
考古学家乔治·戈永发现了地基石块
和护墙，据他估算，该堤道长约660
米，地基宽18.35米，道面倾角为4°
或5°。在堤道底端，戈永还找到了
与河谷庙相连的古码头遗址，不过已
被几百年的尼罗河淤泥埋到数米深的
地下。20世纪90年代，埃及的古埃
及学家扎希·哈瓦斯依据对河谷庙和

码头遗址多点进行的岩核穿测结果，
对遗址全貌进行了复原。堤道底端的
河谷庙早已不在，但其东侧绵延着一
条500米长的厚港墙，部分墙体在被房
地产开发商毁坏前被仔细研究过。外
地玄武岩砌石的发现证明，该码头确
实属于胡夫王陵建筑群，但由于残骸
太少，目前未能对其进行总体复原。

如今，堤道已荡然无存。公元前
450年，前来参观的希罗多德估算，
堤道需要十年时间才能建成。他甚至
认为堤道所需的工作量堪比大金字塔
本身。从胡夫之子——法老杰德夫拉
在阿布·拉瓦什修建的金字塔的堤道
残骸，可大致了解这些堤道的规模。
杰德夫拉堤道长近1 500米，其规模
甚至比胡夫堤道还要大。据希罗多德
记载，胡夫的堤道装饰精美。第十二
王朝法老阿蒙涅姆赫特一世似乎拆了
吉萨堤道刻着人物和象形文字的砌
石，用来装点吉萨以南约50千米处自
己的金字塔群。

有一条横穿堤道的隧道保留了
下来。完好时，它可能连接着上段堤
道的两侧。这种近路在此类建筑中很

右：一条挖进地下的
隧道连通着壮阔的堤
道两侧。
（弗兰克·莫尼耶）

上：用巨大砌石垒起的高台在今天仍然突起于高地边缘峭壁北侧，它的用处人们尚不清楚。（弗兰克·莫尼耶）

下：堤道以北、胡夫金字塔东侧的一个空船坑。（弗兰克·莫尼耶）

常见。访客可以顺着它来到堤道另一侧，而不必沿建筑群围墙绕远路。在这条隧道西北约40米处，靠近高地边缘的地方，有一片以石灰石砌起的巨大高台遗迹，其底面为14米×32米的矩形。乔治·戈永对其进行了详细研究，他认为这是一种废物再利用，是用金字塔的废料和碎石垒起的。不幸的是，此后一直没人再对高台进行深入研究。然而这个结论根本说不通，古埃及人完全没有必要建这种高台来处置碎石，事实上他们把碎石散铺在地面，一直铺到高地北部。人们在高台下再没发现过其他碎石堆，所以这个俯瞰下方河谷的建筑是为某种典礼建造的，但依据现有的资料还无法推断是什么典礼。

船坑

金字塔围墙外共有五条大坑遗址。两条沿着东墙，一条沿着堤道，还有两条顺着南墙。南侧的两个坑虽然小，但20世纪前从未被破坏过。这两条坑呈矩形，以长排的石灰岩条石封闭，每块重约15吨。从铭文中的王名框可知，是法老杰德夫拉——胡夫的儿子和继任者，主持了坑内物品的安放和封存工作。20世纪50年代，其中一个坑被发现后不久，埃及学者卡迈勒·迈拉赫就对其进行了挖掘，共发现数百块木块（形状各异，材质多样，但主要是雪松木）和绳索，它们是一艘大皇家船的部件。这艘船也叫"太阳船"，被彻底拆成1 224个部分后才放进坑中。

金字塔南侧第二个船坑里也有一艘船，但保存状况较差，其挖掘工作从2011年开始。在埃及学者哈吉·艾哈迈德·优素福·穆斯塔法的领导下，最东端坑里的船已经重装完成。现在船坑原址上建了一座博物馆，专门用于展示这艘太阳船。重装的船约43.50米长，很可能是法老生前所用。法老死后，船被仔细拆解陪葬于王陵，这样法老就能在来世继续用这些豪华大船航行。马克·莱纳提出另一种观点，他认为这些船是胡夫下葬之日用的礼器，极其神圣，因此必须埋在法老的身边。萨利姆·哈桑最早提出"太阳船"假说，法老是太阳神拉的化身，他的灵魂也要乘着太阳船在天空巡行。这个假说最初只是一个猜测，但主流媒体把它当成事实全盘接受。虽然没有发现明确的文字证据，但许多埃及学家都认可这一观点。

附属金字塔

在主金字塔以东，距特米诺斯围墙东南角不远处，耸立着三座胡夫王后金字塔（G1a、G1b和G1c）。从已拆除的部分塔身可看出，其内部是三阶实心结构，外面以砌石覆面，形成倾斜的平滑表面。和大金字塔一样，除了斜面的覆石，这些小金字塔

的核心结构和外部全部以水平砌层堆建。从残留部分来看，覆面石用的是优质的图拉石灰石，内部结构则是本地开采的石灰石。它们的初始设置极准，但在建造过程中，修造者没有先将底边找平，而是沿着地面天然的不规则形状做了改动。这样一来，底面就成了略微变形的正方形。每座金字塔都有相似的墓室布局：入口在北，靠近南北轴线；一条指向正南的下行通道；一间东西向的前室；一间墙面覆满石灰石板的安葬室。三座金字塔都没有铭文、陪葬家具和其他陪葬品，都有建在塔身东侧的小祭堂。

下：大金字塔南塔面附近曾放着拆解的船体的一个船坑，这个坑现在位于太阳船博物馆内。
（弗兰克·莫尼耶）

对页：大金字塔南塔面附近的两艘船之一。这艘船重建后目前展示在大金字塔旁边的太阳船博物馆。
（弗兰克·莫尼耶）

右：大金字塔右侧附属金字塔群的平面图、纵剖面图以及等距视图。海特菲莉斯墓就发现于金字塔G1a东北角安葬井的井底。
（弗兰克·莫尼耶）

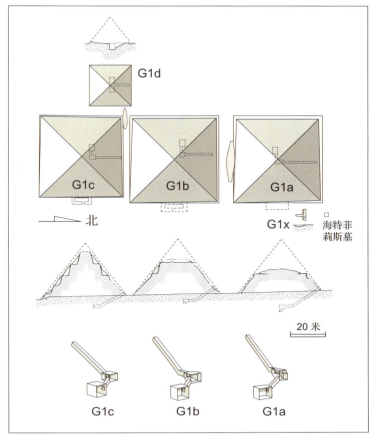

下：王后金字塔G1a（前）、G1b（中）和G1c（后）。
（弗兰克·莫尼耶）

右上：王后金字塔G1a也许是胡夫的母亲海特菲莉斯的墓。她的精美陪葬家具曾放在金字塔东北角一处竖井(G7000x)内，现陈列于开罗博物馆。照片的前景中可见一道沟(G1x)，这里可能曾打算建一座金字塔，但后来放弃了。
（弗兰克·莫尼耶）

G1a在大金字塔以东61米处，体积最大，如今剩得最少。它的底面为边长49.50米（约100肘尺）的正方形，被拆解采石之前，高度应为30.25米。

右中：在G7000x竖井中发现的扶手椅，现陈列于开罗博物馆。
（弗兰克·莫尼耶）

葬在里面的王后地位极高，拥有自己的船坑，并且与法老的船坑一样，也是沿着金字塔东侧修建。有学者认为这座金字塔的主人是王后美莉缇丝一世（Meritites I），因为她的儿子卡瓦布的马斯塔巴离得很近。但现在，人们更倾向于认为是胡夫之母海特菲莉斯一世。她的陪葬品被转移到堤道附近的竖井（G7000x）中，其中有大量的陪葬家具。在竖井南边约15米处发现了基岩上挖的直沟（G1x），可能是胎死腹中的金字塔遗迹，也可能是金字塔G1a的最初选址，还没开始建就向东挪了。

右中下：在G7000x竖井中发现的石瓶，现陈列于开罗博物馆。
（弗兰克·莫尼耶）

1925年，乔治·赖斯纳带领的团队发现并挖掘了埋有海特菲莉斯陪葬品的竖井。竖井深度超过27米，尽头有一间小墓室，里面盛放着王后的许多陪葬家具（大部分都拆解了）。如今，许多家具已组装起来并在开罗

右下：海特菲莉斯的手镯，现陈列于开罗博物馆。
（弗兰克·莫尼耶）

左上：海特菲莉斯的轿椅，发现于G7000x竖井中，现陈列于开罗博物馆。（弗兰克·莫尼耶）

博物馆展出。这批家具包括一张床、一柄华盖、一把扶手椅、一顶轿子以及精美的嵌宝首饰。里面还有一具雪花石膏石棺，虽然密封着，打开后却发现它是空的。这批古代手工艺珍品展示了古王国时期宫廷生活的奢华。但不知出于何种原因，这批陪葬品旁没有人类遗骸。

金字塔G1b在G1a南边约10米处。它的正方形底面边长为49米（近100肘尺），建成后的高度应有30米。它的保存状态很差，塔身少了至少三分之一。西侧靠近西南角处有一个小船坑。关于这座金字塔可能的主人，古希腊历史学家希罗多德讲了这么一个故事。

他们说，基奥普斯（Cheops，希腊人对胡夫的称呼）丧尽天良，为了筹到钱，他竟逼自己的女儿做妓女，并命令她向每个嫖客收一定的钱（他们没有告诉我具体数额）。但她不仅赚到了父亲指定的数目，还私下决定也要留下一座纪念物。她请求每个来找她的男人带一块石头，以建

左中：在G7000x竖井中发现的扶手椅，现陈列于开罗博物馆。（弗兰克·莫尼耶）

左下：在G7000x竖井中发现的华盖、床和头枕，现陈列于开罗博物馆。（弗兰克·莫尼耶）

右：据所谓的"清单石碑"记载，王后金字塔G1c可能属于赫努特森公主。这座附属金字塔保存最好并且保留了部分覆面石。
（弗兰克·莫尼耶）

造自己的金字塔。用这些石头，他们告诉我，那座金字塔建成了，就是大金字塔前面三个金字塔中间的那座，其底面每边长150英尺（古时1英尺与现在的长度不同）。（希罗多德《历史》第二卷第126页）

这个故事很可能是后世杜撰的，意在将胡夫描述成一个残虐成性、罔顾民生的暴君，完全没有史实根据。实际上，我们对于这座金字塔的主人几乎一无所知。有人认为是美莉缇丝

下：王后金字塔G1c的安葬室。
（弗兰克·莫尼耶）

一世，又有人提出是胡夫的另一位利比亚王后。事实上，所有的说法都缺少文本或实物证据。

金字塔G1c是三座金字塔中最小且保存最完好的。它在G1b南边，两者相距不足4米。其底面边长为46.50米（不足100肘尺）。最初高度约为30米。后来它的东侧挨着祭堂建了一座伊西斯（Isis）小神殿。1858年，奥古斯特·马里耶特在此处发现了所谓的"清单石碑"或"国王女儿石碑"，该碑立于第二十六王朝时期（开罗博物馆，JE 2091），比胡夫建筑群的建成时间晚了1 800多年。石碑上的铭文宣称，这座小金字塔属于赫努特森公主。

荷鲁斯·梅杰德（Horus Medjed），上下埃及的国王，胡夫，愿他永生。他发现了伊西斯神殿，她是胡伦（Hurun）神殿旁、罗斯陶（Rostau）之主俄塞里斯（Osiris）神殿西北金字塔的女主人。他在女神的神殿旁（重）建了他的金字塔，并在这座神殿旁边（重）建了赫努特森公主的金字塔。

虽然这块石碑与金字塔的相隔年代很久，但它的碑文可能忠实地转述了口头或书面流传下来的、周边建筑物的主人名字。这几乎是关于G1c主人的唯一信息。

1991年，在古埃及学家扎希·哈瓦斯的领导下，几支考古队对大金字塔东南角以东25米处的建筑物进行了清理，如今它被称为次级卫星金字塔G1d。这座金字塔比前述几座王后金字塔小得多，除了几块核心砌石以及少许由图拉石灰石制成的第一层覆面石，再无其他留存。其底面边长为21.75米（约40肘尺）。由于大多数地上建筑已不在，在基岩中凿出的地下墓室全部露置在外。墓室呈"T"形排布，连有一条由北探下的通道，长5.25米，尽头有一间东西向的矩形墓室。

进行发掘的埃及考古队的最大收获之一，就是发现了图拉石灰石制成的金字塔方尖锥残体，这是继代赫舒尔方尖锥后已知第二古老的方尖锥。它的锥面倾角为51°40′，与大金塔几乎一样，由此可知次级卫星金字塔的高度应为13.80米。这块尖顶石或压顶石的底面切割了凸形球面，以便放入完成的金字塔顶上与之契合的凹形底座。这种设计最大化降低了地震或强风引起的横向滑落风险。

这座卫星金字塔的发现推翻了之前的一个假设，即在葬祭庙东曾有一座废弃的卫星金字塔，因为每座主金字塔通常只有一座卫星金字塔。该假设的依据是一小组南北走向的地下"试验通道"的存在，这些通道位于葬祭庙以东约30米处的堤道北侧。

上：从基岩中显露出的卫星金字塔G1d内部墓室和下行通道。（弗兰克·莫尼耶）

墓葬区

胡夫金字塔是一片巨大墓葬群的核心部分，另有数百个相关人员的墓葬。法老王后的附属金字

下：卫星金字塔G1d的顶部覆面石和方尖锥，现放置在这座金字塔的地基北部。这是已知第二古老的方尖锥。（弗兰克·莫尼耶）

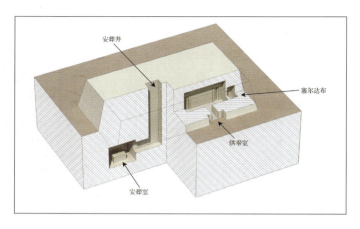

安葬井

塞尔达布

供奉室

安葬室

上：典型的古王国时期马斯塔巴等距视图。
（弗兰克·莫尼耶）

塔很接近法老的长眠之地，但是大多数坟墓都是马斯塔巴（长凳墓），其规模根据墓主身份而存在差异。这些墓葬属于两个截然不同的区域：西墓区和东墓区。而主金字塔以南的墓葬则属于第五王朝和第六王朝时期。第四王朝马斯塔巴的研究和发掘工作主要集中在20世纪初的几次大型考古活动中，其中最著名的几次由乔治·赖斯纳、赫尔曼·容克和萨利姆·哈桑主持。

下：胡夫建筑群东墓区大马斯塔巴之间的"街道"。
（弗兰克·莫尼耶）

东墓区也称为G7000墓区，是一片位于王后金字塔东侧的马斯塔巴墓群，其中大多数墓葬属于胡夫的儿女。他们与胡夫的血缘关系能在马斯塔巴墓的铭文中找到证据，其中有杰德佛尔（G7210～7220）、卡瓦布和海特菲莉斯二世（G7110～7120）、胡夫哈夫和尼夫莱卡奥（G7130～7140）、梅拉桑赫二世和霍尔巴夫（G7410～7420）的名字。但这些墓都比不上高地边缘的大马斯塔巴（M75）。马斯塔巴G7510长100米，宽50米。它的墓主是大名鼎鼎的安哈夫，按现在著名的瓦迪－雅尔夫纸草书卷所说，他是胡夫的兄弟、维齐耶（相当于宰相）以及所有王陵工程的总监。他的名字人们早已知晓，因为墓中有手工艺品和铭文，以及他本人的一尊彩色半身像，现保存于波士顿艺术博物馆（MFA 27.442）。

西墓区共分几个部分，相互差异极大。最西端称为G1200，其中最

上左："试验通道"的上行通道，现在被一道铁门封锁。其上段相当于大走廊的下段。（弗兰克·莫尼耶）

上右："试验通道"的下行通道。（弗兰克·莫尼耶）

大的马斯塔巴属于书吏总管沃佩尼弗莱特（G1201）。稍往东有一座规模堪比维齐耶安哈夫墓的大马斯塔巴G2000。遗憾的是，在墓中人们没发现说明其主人身份的文字。

G4000墓区的"霸主"是维齐耶海米昂的宏伟马斯塔巴，同样著名的是塞尔达布（墓入口附近的供奉室）内的墓主精美坐像，该雕像现保存并陈列在德国伊尔德塞姆博物馆。从海米昂的头衔可知，他在法老执政初期担任王陵工程总监。因此，可以将他视为大金字塔的第一位建筑师。在这片西墓区中，还有许多尚未完工的马斯塔巴，排列得非常有序，然而靠近胡夫金字塔西侧的区域却没有任何墓葬。在接下来的数个朝代和时期中，有数以百计的坟墓加入这片墓区，使它成为埃及最大的墓葬群之一。

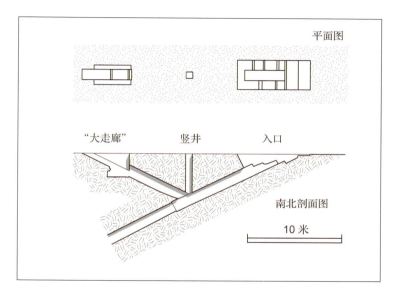

上："试验通道"的平面图和纵剖面图。（弗兰克·莫尼耶）

平面图

"大走廊"　　竖井　　入口

南北剖面图

10 米

试验通道

这组相互连通的通道是从基岩凿出的，位于堤道北侧，靠

左：通向"试验通道"的垂直竖井，它可能是用来查看封堵石接面的。（弗兰克·莫尼耶）

近胡夫葬祭庙。它由一小组倾斜的通道和一条垂直的竖井组成，竖井水平方向长约22米，垂直高10米。霍华德·维斯和弗林德斯·皮特里曾对这些通道进行勘测并绘图。皮特里认为，这一设计是对大金字塔内部通道的某种复制或试验。"试验通道"确实有类似于大金字塔上下行通道相交处设置封堵石的部分，也有形似大走廊底部及其两边侧台的部分，但没有类似"辅助井"的结构，而且相当于水平走廊的部分也非常短。此外，"试验通道"中两通道相接处截面呈方形的垂直竖井在胡夫金字塔中没有对应部分。

"试验通道"所在的位置不同寻常，也没有在任何墓葬中发现同样的结构，所以它不可能像某些人认为

的，上面曾建有一座缩小版的大金字塔。若假设它是大金字塔内部通道的复制，就绕不过胡夫金字塔的内部结构有预先规划这一前提，而这个前提还没有得到证实，并且与观察结果有几处不符。考古工作者没有发现地面建筑地基的痕迹，也没有在此处挖到墓室。不过，通道截面和倾角确实与大金字塔通道差不多，只是长度大幅缩短，看上去与大金字塔最后的封闭系统有关。因此，法国学者弗兰克·莫尼耶认为，这些通道很可能是一个测试原型：在上行通道中设置一排砌石，当砌石堵住两条主通道连接处时，就封住了进入金字塔的路。垂直竖井则用于检查封堵石能否卡在狭窄区域。此处下行通道截面缩小，说明修建者计划让封堵石塞在这里，该说

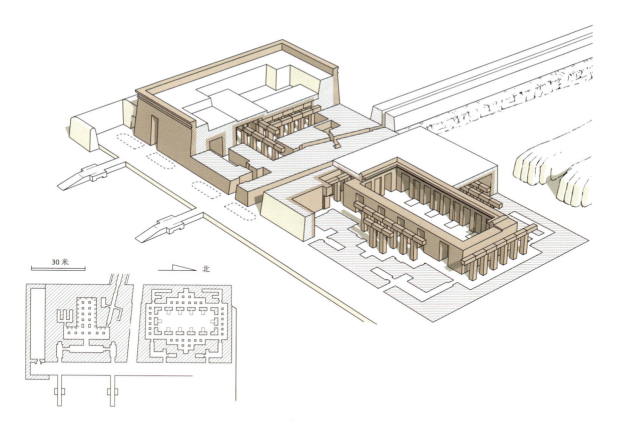

上：狮身人面像神庙（前）与哈夫拉河谷庙（后）的平面图和立体透视图。（弗兰克·莫尼耶）

法支持整个结构与大金字塔的最终封闭有关的假说。

苏格兰考古学家戴维·莱特博迪提出了"试验通道"的另一用处。按照他的重建结果，朝北的倾斜竖井可能是用来观察星辰、确保大金字塔外部基本方位对齐的。在这种情况下，额外建的这条中央垂直竖井是为了悬挂一根长铅垂线，这是依靠原始观星方法进行精确取直和测角的必需设备。

大狮身人面像及其神庙属于胡夫王陵建筑群吗

1926年，埃米尔·巴雷兹发现了一座建在吉萨大狮身人面像前的神庙遗迹。它位于狮身人面像以东，四面对准基本方位，并且有两个东向入口。它的南墙与哈夫拉河谷庙的北墙相距仅几米，两座神庙前后面对齐。和哈夫拉河谷庙一样，狮身人面像神庙也用了当地产石灰石块，不过比例稍小，只用来填充墙壁最厚的部位。

但是，狮身人面像神庙没有完成，极有可能是因为下令建造它的法老去世了。神庙外面的红色花岗岩覆面只做了门框周围，墙壁的压顶和内部房间的屋顶也没有完成。然而，内墙面却用红色花岗岩装饰了，内部房间的地板也铺着美丽的乳白色雪花石膏板。内部平面布局非常精准，是完美轴对称的杰出典范。整个神庙的布局以一座大中庭为中心，该中庭同时是神庙的核心组成，神庙总体与哈夫

拉葬祭庙（在哈夫拉金字塔旁）非常相似。柱基地板的矩形孔上立着十尊雕像，面朝中庭依柱而坐（角落的除外）。露天中庭四周共有14个入口，通向四个多柱房间，房间各朝一个基本方位。

　　东立面的两个大门是入口，进去后先到前堂，一侧是房间，另一侧是宽大的横向大走廊。直角拐弯可进入有顶走廊，最后到达中庭的四角。对面，在院子的最西侧，有两对走廊的入口，但都是死胡同。因此神庙里没有直达后面狮身人面像的通道，唯一的路是两个神庙间的隔道。这座神庙虽然紧挨石像，但现有的证据并不能确定它是用来祭祀狮身人面像还是太阳神的。

　　由于这座神庙紧挨狮身人面像和哈夫拉建筑群（尤其是河谷庙和堤道），人们通常将它视作哈夫拉的独立祭庙。可是近年来，有学者开始质疑狮身人面像的建造年代和建造者，立在其爪前的神庙也卷入了同一讨论。20世纪80年代前的主流观点是，大狮身人面像有哈夫拉的面部特征，因此很可能是他建造的。然而，赖纳·施塔德尔曼在对其装扮对比研究后，将胡夫列为最可能的人选，与主流叫板。其他观点则天马行空不够严谨，甚至往前推了几千年。

　　虽然狮身人面像没有铭文或雕像，但它的神庙与哈夫拉的葬祭庙非常相似，都有带雕像的中庭、有顶走廊，其使用的材料、粗制的石料和两个入口也非常相似。这些证据间接证明，狮身人面像神庙是献给哈夫拉的，而不是胡夫，因为其与后者的葬

祭庙没有任何相似之处。狮身人面像两腿间的所谓"梦之碑"（开罗博物馆，JE 59460）是一千年后由图特摩斯四世立的。它的碑文最早指出大狮身人面像与哈夫拉有关，但它与大石像年代相隔太久，因此不能视作无可辩驳的证据。需注意的是，这里还竖着另一座石碑，它由阿蒙霍特普二世所立，把胡夫和哈夫拉两人的名字都列上了，似乎碑文的作者也无法确定哪个才是建造者。

参与讨论的学者们还对狮身人面像的头饰进行了分析，得出的结论却五花八门，似乎只证明了这条线索不能作为证明。赖纳·施塔德尔曼的论据之一是狮身人面像本没有胡须，古王国时期后才添上的。哈夫拉和杰德夫拉的雕像确实有胡须，而胡夫的则没有。然而，20世纪80年代深入发掘时人们在狮身人面像的爪旁找到

一块碎片，显然是修复旧胡须时留下的，因此有关胡须的说法也不可靠。

研究吉萨高地及其西侧采石场的考古学家和地质学家发现，哈夫拉的堤道没有取最直接的路线下山谷，而是选了一条稍微偏南的直线，或许是为了避开狮身人面像或立在那里的已有建筑。这说明堤道是在该处原有建筑之后修建的。另外，人们还发现沿堤道北侧的一条小道被狮身人面像的挖掘工程截断了。这似乎说明，哈夫拉在统治后期、堤道修完后，又下令建造了狮身人面像。最后一项重要证据来自马克·莱纳，他发现狮身人面像神庙用的粗凿砌石来自从狮身人面像身体（是基岩的一部分）凿下的岩石。因此，狮身人面像和它的神庙是同时修建的，都是在哈夫拉统治时期。

古埃及学界就狮身人面像建造者

右上：用来做胡夫金字塔核心砌石的当地产货币虫石灰岩。（弗兰克·莫尼耶）

右中：用作衬石的当地产石灰石（上）和用作覆面石的图拉细粒石灰石（下）。（弗兰克·莫尼耶）

右下：胡夫金字塔顶层墓室所用的红色阿斯旺花岗岩。（弗兰克·莫尼耶）

对页：金字塔北塔面底部残存的覆面石和石铺面。（弗兰克·莫尼耶）

是谁分成了两派，但两派都拿不出决定性的证据。不过最有可能的是，狮身人面像前的神庙是哈夫拉统治时期建筑师的作品，而马克·莱纳的结论即狮身人面像也建于哈夫拉在位时期，则有相对可靠的事实依据。

大金字塔

人们形容吉萨是地球上被勘察得最彻底的地产，而大金字塔本身则是吉萨墓葬群中被勘察得最细致的建筑。大金字塔底面是近乎完美的正方形，其取向之精准只有哈夫拉金字塔可媲美。它是古代世界无可比肩的技术杰作。覆面石完好时，底面的平均边长为230.36米，四边长相差不到10厘米；四角几乎是完美的直角，误差小于十五分之一度，而且整个金字塔第一层砌石底面几乎位于同一水平面，高度落差不到2.1厘米。塔面朝向四个基本方向，即正北、正南、正东和正西，平均偏差也小于十五分之一度。建筑师为塔面选了51°50'的倾角，与美杜姆金字塔和附近至少一座王后金字塔的倾角相同。这是一种名为塞特（seked）的斜率（该斜率的象征意义详见第3章），即高1肘尺、底边长$5\frac{1}{2}$掌或5掌又2指。建成后的大金字塔高146.5米，是当时地球上最高的建筑物。如今，它的高度已降低到138.7米，大部分覆面石和顶层的几块砌石都在中世纪和19世纪被拆作石料，只有北塔面底层还保留着少量覆面石。

覆面石以图拉细粒石灰石为原料，沿尼罗河远途运来。每块石头都经过精心切割、修整并打磨。现存的覆面石接缝严密，缝宽甚至不超过半毫米，这令弗林德斯·皮特里惊叹不已。能把近15吨重的石头做到如此精度实在让人叹为观止。覆面石安放好后，工人们还在接缝中填充了液态石膏砂浆，使其完全封闭。然而，不是所有部分都遵循着这样的精工细作。内部墓室的覆面石和结构砌石用的是图拉产优质石灰石，但金字塔的主体不是用的这种石材，绝大部分是当地产的货币虫石灰岩块（即沉积岩中的大量单细胞海洋生物化石），它们切割粗糙，表面坑洼，接缝不平。

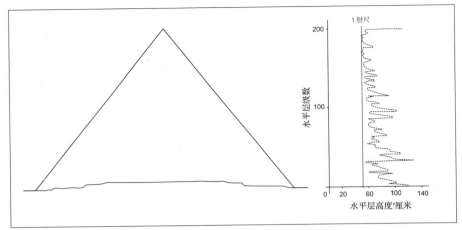

右：大金字塔核心砌层
的不同高度示意图。
（弗兰克·莫尼耶）

从后来在内部砌石间挖出的通道、"辅助井"以及在王后墓室墙上挖出的洞里，都能看到砌石间的间隙竟达10厘米宽，通常填满由石膏、沙子和碎石灰石混成的砂浆。然而，内部水平砌层非常牢固，能为上部砌层提供平整底面。和塞加拉的左塞尔阶梯金字塔一样，国王墓室的安葬室内部和周围用的也是红色阿斯旺花岗岩。这种石材比石灰石更难开采和切割，而且是从800多千米外的南部采石场运来的。它的大量使用除了具有重要的象征意义，还能保护墓地免受盗墓者的打扰，同时顶住来自上面建筑的巨大压力。

弗林德斯·反特里经过测量发现，沿金字塔塔面中轴存在非常细微的凹陷或褶皱，只有在阳光以非常低的角度照到时才能看到。这些凹痕的作用或原因尚不清楚，不过很可能是测量和施工时出现的人为误差，或者是中世纪拆除金字塔塔面覆石时造成的。

另一个异常之处是东北角的侧棱上有一个小平台。在第106层水平砌层上有一个缺口，里面是一个几立方米的石室，像个山洞。现在人们还不知道这是本来就有的还是后来开凿的，也不清楚它的建造目的。不过这

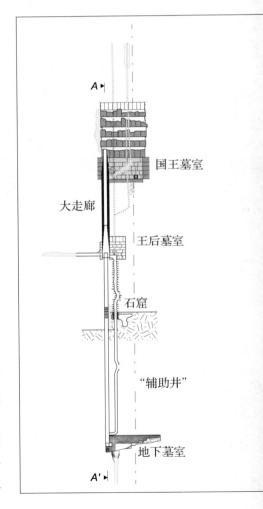

国王墓室

大走廊

王后墓室

石窟

"辅助井"

地下墓室

个洞早在19世纪就已经存在，可能曾用作绝佳的瞭望台或哨岗。最近，扫描金字塔项目的结果显示在其上方几十米处可能存在类似的结构，但目前尚无确凿证据表明大金字塔内部的确存在此类空心区域。

地球化学和地貌分析技术能将金字塔的内部建造材料与当地的特定采石场进行匹配。这些采石场就在大金字塔南侧和东侧几百米处，可能曾经提供过石材。从伸向内部结构的多条缝隙来看，里面的砌石是水平摆放的，而不像其他金字塔偶见的斜着摆放。

根据多次勘察结果，大金字塔建成后共有201到203个水平砌层，每层的平均高度为0.69米，层高总体自下而上递减，但相差并不均匀。层高最高1.50米，最矮0.51米。不过接近顶部的几层都是更方便搬运的0.52米（约1肘尺）高。哈夫拉金字塔上部也有这个特征。

根据几何形状计算，金字塔所有石材的理论体积为260万立方米。但事实上，胡夫的建筑师因地制宜，巧妙地借用了一块大而低的突出基岩，因此实际建筑体积小于此值。专家对大金字塔进行的多处测量，包括下

下：大金字塔内墓室和通道纵剖面图，分别为西向纵剖面（下）和穿过金字塔中心的正南向剖面（对页）。（弗兰克·莫尼耶）

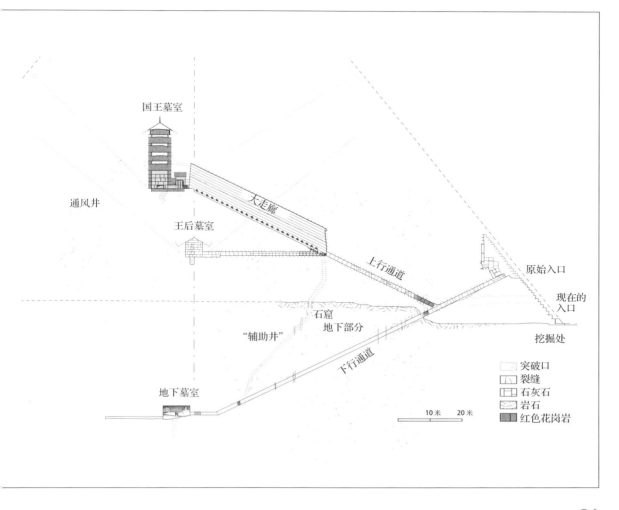

国王墓室

通风井

大走廊

王后墓室

上行通道

原始入口

现在的入口

石窟
地下部分

"辅助井"

下行通道

挖掘处

地下墓室

突破口
裂缝
石灰石
岩石
红色花岗岩

10米   20米

胡夫金字塔的内部空间大致排列在同一个垂直剖面上。通道和墓室所在的垂直面为南北朝向，离金字塔的中心线很近。拿破仑埃及远征队的专家按照当地的口头传说，将地面以上的第一墓室和最高处的墓室命名为王后墓室和国王墓室。实际上，人们在大金字塔中从未发现过国王或王后的遗骸，很可能只有高处的那间曾放过棺椁，其无疑是胡夫的。

原始入口位于金字塔北塔面离地面17米处。大金字塔完好时，入口处覆盖着一个巨大的三角形拱顶，由两组叠置的尖顶石梁组成。石梁截面呈矩形，顶部互相倚靠架成三角状。如今，每层只剩下一对，还有两根折断的石梁仍嵌在东侧的拱座墙中。

从拱顶旁露出的砌石接缝以及所有下层拱座与墙的相接面来看，拱顶并未向金字塔内伸入，完好时也只能

上：大金字塔的原始入口。上方的巨大三角拱顶砌石后来被挪走另用。拱顶的右上层条石上有一行象形文字铭文（图中可见），为德国古埃及学家卡尔·里夏德·累普济乌斯所刻。（弗兰克·莫尼耶）

行通道中露出的基岩、"辅助井"内以及东北和西北外角，都证实了这一点。结果显示，这块突出基岩的高度不超过7米。

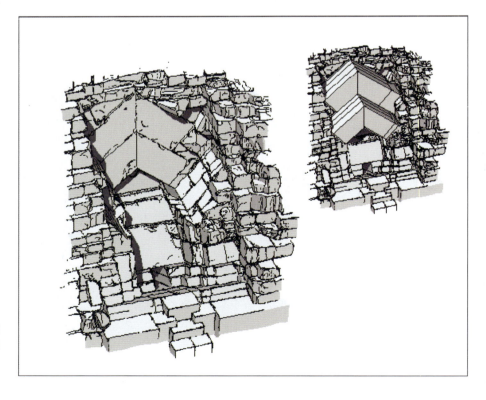

右：原始入口的等距视图。三角拱顶复原为初始状态。（弗兰克·莫尼耶）

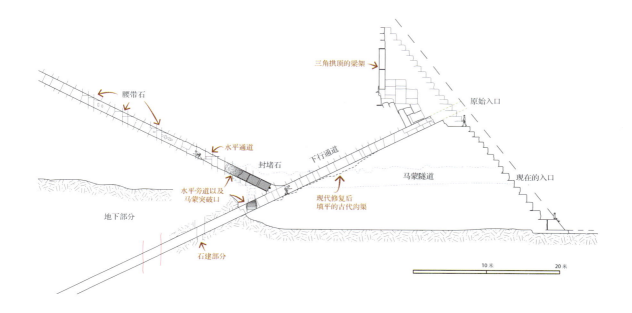

图中文字标注：
三角拱顶的梁架
腰带石
水平通道
下行通道
原始入口
封堵石
现在的入口
水平旁道以及马蒙突破口
马蒙隧道
现代修复后填平的古代沟渠
地下部分
石建部分

10 米   20 米

覆盖下行通道最外端的部分，不超过5.4米（约10肘尺）。

石梁的厚度为80厘米，浮动很小。若假设拱顶被周围的砌石和金字塔的覆面石完全掩盖，由计算可知，原本下面一组有七对石梁，上面一组中有四对石梁，而且位置更靠后。

西塔面上部有一行长长的象形文字铭文。它的年代并不久远，是19世纪初德国古埃及学家卡尔·里夏德·累普济乌斯为纪帝普鲁士国王腓特烈四世（1840—1861年在位）而刻。

考古学家一直对拱顶的存在迷惑不解，因为它在这个位置显然没有任何用处。底下的下行通道只有1米多宽，根本用不着这么大的保护结构。拱顶是否有什么象征意义，或者曾经承担过什么实用功能？还是仅仅为了减轻通向内部墓室通道的压力？无论是出于什么目的，这个精致的结构使法老王陵的入口看起来异常壮观。

国际扫描金字塔项目团队在2016—2017年进行的μ子扫描项目中检测到拱顶后似乎存在空心或低密度区域。但扫描过程中没有发现任何线索能帮助确定拱顶的象征意义或实用功能。

尽管还没有确切答案，但是古王国时期的建筑证据表明，拱顶确实有某种象征意义（详见后面国王墓室及其"减重室"部分）。

在壮观的拱顶下，入口通向一条又长又直的下行通道，其截面高1.20米，宽1.05米，水平倾角为26°27′。换算成古埃及制为高2肘尺又2掌，宽2肘尺。这似乎是金字塔内通道的普遍规格。斜率为0.5或1∶2，或2肘尺的塞特。

沿通道下行25米，能看到红色花岗岩砌石砌成的矩形底面，上侧与天花板齐平。从该处向上分出了一条上行通道，但已被砌石完全堵住。从这里沿下行通道再走几米就是古代探

上：大金字塔下层内部布局详细剖面图，包括两个入口。（弗兰克·莫尼耶）

右上：大金字塔内疑似马蒙挖的通向内部通道和墓室的隧道。
（乔恩·博兹沃思）

右中：从下行通道看上去，花岗岩封堵石仍然封闭着上行通道这部分区域。
（埃德加兄弟，1910年）

险家凿出的垂直隧道的开口，凿这条隧道的目的是绕开花岗岩封闭系统，将还能通行的上行通道与下行通道连接起来。继续向下走，距入口90米、离尽头7米处，有另外一个开口，通往所谓的"辅助井"。这个形状不规则的隧道向上蜿蜒约60米，最终抵达上方很远的大走廊底端。与盗墓隧道不同，这条竖井是金字塔的修建者挖的，连通着上下几个墓室，但其建造原因还存在争议（详见下文）。

下行通道的底端连接着一条水平通道，其截面较小，为0.80米×0.90米，长度仅为8.9米，尽头是一处巨大的不规则地下空间，称为地下墓室，墓室外的水平通道西墙上有一个盒形小凹进，现在还盛放着一块花岗岩砌石碎片，很可能来自保护国王墓室的三块吊闸石板之一，被盗墓者破坏后运来的。地下墓室显然没有完成，似乎只从基岩中挖出了一半多的预定体积。它的底面呈矩形，东西长14.05米，南北宽8.25米，最高处为5米。19世纪初，乔瓦尼·巴蒂斯塔·卡维利亚曾在该墓室的东端挖掘，将原来的深度从1.5米扩大到3米，超过了修建者留下的深度。据希腊历史学

右下左：20世纪初的地下墓室。
（埃德加兄弟，1910年）

右下右：地下墓室东区。
（埃德加兄弟，1910年）

家希罗多德记载，胡夫的石棺曾安放在地下墓室里的一个小岛上，四周包围着用水渠引进来的尼罗河水。英国探险家霍华德·维斯曾试图验证这一说法，他在卡维利亚挖掘处的底部掘了一个深井，但在挖了11.50米之后仍然一无所获。约翰·雪伊·佩林在墓室的天花板上发现了油灯烟熏处的希腊文和罗马文铭文，这说明早在地宫入口通道被沙子封闭之前，曾有人进来参观过。

地下墓室的南墙上还有一条通道，与入口通道相对，不过位置稍低。它延伸16米后就到底了。从这些地下空间的规划来看，当时人们似乎曾打算在这里修一组墓室，但后来将这里废弃了。不过部分古埃及学家，包括I.E.S. 爱德华兹、马克·莱纳和扎希·哈瓦斯都认为，该墓室可能有祭仪功能，它可能代表着与死后冥世相接之处。按这个理论来看，地下墓室是完成了的，并且是最终的复杂通道和墓室体系的一部分。

1737—1738年，丹麦探险家弗雷德里克·路易·诺登进来时，两条通道相交处以下的整个下行通道还塞满碎石和沙子。1817年，亨利·索尔特和乔瓦尼·巴蒂斯塔·卡维利亚将这里连同"辅助井"的下段清理了出来。他们是最早一批到达并进入地下墓室的现代探险家。

被花岗岩砌石封闭的交界处以上，靠近金字塔的主入口段，有许多深深的砍痕深入通道地板。约翰·谢伊·佩林据此认为，下行通道的整个第一段最初曾用砌石封闭，后来被盗墓者强行拆除。这些砍痕非常粗糙，深约40厘米，但越靠近金字塔入口越

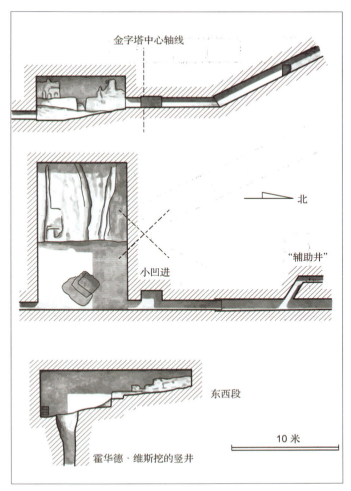

上：地下墓室的平面图和纵剖面图。（弗兰克·莫尼耶）

下：现在的地下墓室，19世纪挖的井的入口围有一道金属围栏。（乔恩·博兹沃思）

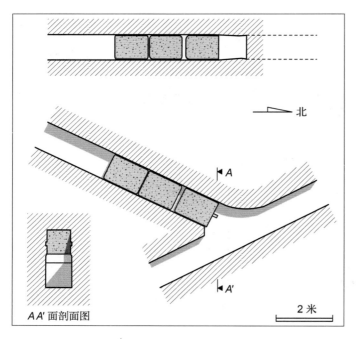

北

AA' 面剖面图

2 米

不明显，20世纪50年代仍然可见，但后来修复时用水泥填平。

上行通道现有三块花岗岩封堵石，下行通道的天花板上可见的那块是最前面的一块，前两块各重约5吨，而第三块现在只剩下一部分。它们很可能先被存放在上方大走廊中，然后才滑到现在的位置。现在人们可以通过一条隧道绕过它们进入上行通道的上段。这条隧道很可能是9世纪的马蒙命人挖的。隧道开口位于三块砌石的顶部附近，露出了封堵系统的西表面，整个封堵系统从上下行通道交汇点延伸到花岗岩砌石组前顶点。尽管可以绕过，但它们仍然封堵着通往金字塔上部墓室的原始通道。

上行通道底端宽97厘米，比105厘米（约2肘尺）宽的前段通道窄。这意味着当封堵石从通道滑下时，会在这里被卡住。上行通道底端以水平核心砌层组成，此处以上的大部分砌石则与通道平行。底端周围的石料切割整齐并加工过，不过没有像上段其他砌石一样经过打磨或涂了胶泥。路德维希·博尔夏特发现，当时人们必定是先建了底端砌层，然后再挖通做出两条倾斜通道的相交部分，而这似乎暗示修建期间建筑师更改过设计。

上行通道的倾角为26°6′，长39.27米。同样，该斜率接近1∶2或0.5，即古埃及测量系统的2肘尺的塞特斜率。尽管它与下行通道方向相反，但倾角相差不到半度。由于空气影响和使用的石灰石质量相对较差，通道墙出现了严重侵蚀和巨大裂缝。墙壁外表异常粗糙，无法辨别出相邻石块间的接缝。然而，花岗岩封堵石上方墙壁的详细布局是早年画的，其中标注的多处接缝引起了路德维希·博尔夏特的注意。侧墙上这些垂直接缝中间是称为"腰带石"的特别石块，此处的侧壁底部和地板相交处

用"U"形实心砌石做成。这些位置的通道地板是斜的，但侧壁上的接缝是垂直的，与之不同的是，通道中其他接缝与通道的倾斜地板形成直角。这样的石块共有三组，相隔约4.35米。博尔夏特认为这些"腰带石"位于内部阶梯金字塔倾斜砌层的交界处。但是，意大利建筑师维托·马拉焦利奥和切莱斯特·里纳尔迪不同意这一观点，他们认为：首先，这些接缝是垂直的而不是倾斜的；其次，它们只在此上行通道中有三处，金字塔中其他地方则没有。如果"腰带石"在金字塔内部结构的其他位置出现，那么博尔夏特的假设可能是正确的，但事实并非如此。此外，斯尼夫鲁时期的美杜姆金字塔也有阶梯式内部结构，它的通道里却没有相似部位。

吉勒·多尔米翁曾提出三组腰带石的安装是为了代替建筑师放弃的滑门系统。这个观点虽有一定可能性，

但也存在纰漏。如果在通道侧墙沿水平层建造一系列侧室，各放一块大石，组成一套滑动封闭系统，那么封闭系统完成时必须保持封堵石处于待滑状态。若该系统后来被弃用，也一定是上行通道建到高于最上层"腰带石"的高度之后，不然这块"腰带石"根本安装不上。那么问题来了，如何在不拆除"腰带石"的情况下撤出滑块？同样说不通的是，既然墙壁和地板所嵌的"腰带石"是一整块

上：上行通道。
（米歇尔·桑丘）

下：下行通道里的砌石接缝详细平面图，可见"腰带石"。现在似乎只有前三块组成了这种特殊结构体系，第四块和第五块只是修建者用来建造通道的普通石头。
（埃德加兄弟，1910年）

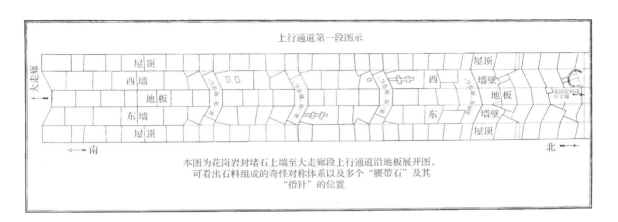

本图为花岗岩封堵石上端至大走廊段上行通道沿地板展开图，可看出石料组成的奇怪对称体系以及多个"腰带石"及其"指针"的位置

上：南向看大走廊。
（乔恩·博兹沃思）

庄严、宏伟的部分，也最令游客赞不绝口。数百年来，它的各种元素吸引了无数研究人员。关于它结构中的多处"异常"，有人认为大金字塔中还藏着几处墓室，还有人则提出了更不合理的解释。遗憾的是，这些毫无根据的观点的泛滥，根源在于这些人不了解大走廊最初的功能。更严谨的学者在对大走廊的结构特征进行仔细研究后，就它的功能提出了多种观点。有些观点比较有说服力，但是由于可用证据有限，因此仍然无法确定为什么要建如此宏大的结构。

大走廊很可能由图拉石灰石制成，但不再是刚采下时的灰白色。石料表面光滑，呈浅棕红色。出现这种颜色的原因尚不清楚，但美国地质学家詹姆斯·哈勒尔认为，墙壁建成后在底层涂了一层红颜料，游客呼出的水汽加上石材本身含的铁元素，可能导致表面涂层氧化，就成了现在的表层颜色。

大走廊的倾角为26° 10′，与倾角26° 6′的上行通道大体一致。阶式拱顶区域长度超过47.84米，高度全部为8.6米。大走廊底部宽2.10米（约4肘尺），向上宽度沿一排七个台阶或梁托变窄，到顶部时已减至约1.05米（约2肘尺）。底部有两道侧台，宽和高都是52厘米（约1肘尺），它压缩了走廊宽度，形成1.05米（约2肘尺）的中央通道，与下面的上行走廊同宽。第三道梁托两侧各有一条细凹槽。

大多数学者都同意，上行通道中的封堵石最初存放在大走廊中。走廊两侧各有一行槽口，这似乎暗示大走廊的倾斜底面是上行通道内封闭系

坚固的石头，它是怎么在这套系统拆除或封闭后安装的。这些石块比通道宽得多，所以通道完成后就装不进来了。因此，它们不会是后来逆向安装的，只能是最初结构的一部分。

上行通道向上连接着大走廊北侧底端宽阔的缓步台，一条水平走廊从此处向南延伸，通向王后墓室，另一条斜坡（也向南延伸）则上行到正上方的国王墓室。狭窄的"辅助井"也能将这一部分通道系统与地下墓室连通，它的开口在缓步台的西侧。

大走廊无疑是大金字塔中十分

最左：大走廊和水平通道的3D复原图，南向。
（弗兰克·莫尼耶）

左上：大走廊两边侧台上54个槽口中的一个。
（乔恩·博兹沃思）

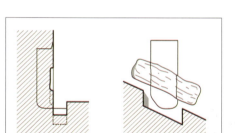

左下：大走廊槽口的剖面图及前视图。
（弗兰克·莫尼耶）

统的延伸。这些槽口的排列说明，侧墙上嵌的横梁上曾架设过某种临时装置，可能是法老入葬时为丧葬队伍搭建的通道，也有可能是关闭王陵时，帮助将花岗岩封堵石送到最终位置的滑道。但问题仍然存在，大走廊是最初就设计为用于存放和安装封闭系统，还是本来只作为庄严的入口大厅，后来才加进了封闭系统？

　　争议最激烈的结构细节是一组（54个）槽口或插槽，它们两两相对地位于两边的侧台和侧墙上。槽口曾被建造者修改过形状和大小，因此难以确定其最初作用。多位研究人员就

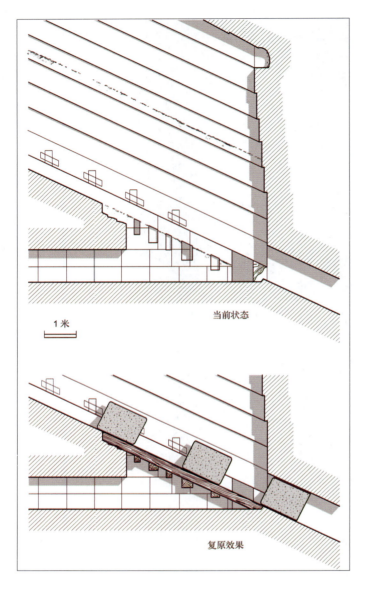

当前状态

1 米

复原效果

上：上行通道封闭时下滑平台复原效果图。（弗兰克·莫尼耶）

其功能提出了假设。路德维希·博尔夏特和乔治·戈永认为这是一种用于存储封闭块的系统。让-菲利普·洛埃则假想了一个框架，该框架可帮助建造者将约20块原计划作为封堵石的花岗岩，转用于建造国王墓室。

维托·马拉焦利奥和切莱斯特·里纳尔迪否定了路德维希·博尔夏特提出的系统的技术可行性，又认为乔治·戈永的假想与实际不符，但两

位意大利建筑师自己也提不出更合理的解释。让-菲利普·洛埃的假设虽然有一定说服力但难以证实，而最初提出隐藏通道系统假说的吉勒·多尔米翁在吸收了马克·莱纳的研究后，又进行了深入的技术分析。按多尔米翁的说法，这些槽口是用来安插脚手架的，这副脚手架与大走廊等长，架有横梁以及多层平台。他还断定，脚手架拆除后，槽口也被回填了。他的其他分析甚至更具推导性。国王墓室（详见下文）中出现的裂缝促使古代建造者们借这种坚固的支撑装置加固大走廊。因此，侧台上表面的狭槽确实可证明通道两侧曾进行过临时加固。然而这种加固是有问题的，因为靠墙固定的纵梁会弯曲，而且可能撑不住侧向的压力。在这种情况下，只有横架在大走廊里的水平支撑梁才有用。

综合考虑所有证据，会发现这54个槽口可能就是用来安插大木质脚手架支柱的，但这个脚手架是在大走廊建造时架设，以用它安放阶式梁托的。由于大多数砌石是斜着安放的，这种木质支撑结构肯定不可少，尤其是当大走廊的砌石高度超过20米时。木结构很可能一直保留着，直到金字塔竣工前才拆除，而这一过程可能花费了几年，甚至超过十年时间。证据显示在其他金字塔中也有类似的加固结构，特别是代赫舒尔的弯曲金字塔和美杜姆金字塔，因此大走廊内完全有可能也用过类似支架。

第三对梁托上凿出的两道凹槽可能用于固定架在半空中的施工平台，但为什么侧台上的槽口有些被回填，另一些后期被改了形状，目前仍

然没找到合理的解释。总之，走廊两侧凿出的榫眼是安放拱顶时用来支撑脚手架的，但这不能排除它们也曾用于支撑封闭系统的可能性。让−菲利普·洛埃和乔治·戈永认为大走廊底端与其下方的上行通道紧密相关，大走廊中央通道的坡度和宽度设计成与上行通道的坡度和宽度相同。大走廊两侧的长台似乎是为了保证最终封闭过程中封堵石能顺利滑到位。胡夫之前，代赫舒尔弯曲金字塔旁的卫星金字塔里，在一条类似规模的通道中设置过滑动封闭系统。遗憾的是，研究结果证明这个系统存在问题，因为封堵石没有滑下去，因而没能成功封闭通道。这可以解释为什么胡夫的建筑师要设计一个有高大拱顶的宽大走廊——为了方便他们更好地控制王陵的封闭，并且避免再次出现设计失误。

水平通道全长33.60米，由大走廊底端的缓步台向南延伸直达王后墓室。通道宽1.05米，高1.17米，底面倾斜度极小，从北到南只下降了8厘米，这可能是由于砌石向金字塔中心压实造成的。在墙壁上的砌石间能看到异常排列的接缝，它们彼此垂直而不是并列，并且这一现象只出现在半个通道的侧墙上。这引起了吉勒·多尔米翁和让−帕特里斯·戈伊丁的怀疑，认为它们暗示了后面隐藏着封闭墓室。20世纪80年代，他们决定在墙上钻孔，在获得许可后他们确实这样做了，并且吸引了

下：自上行通道顶端至王后墓室和国王墓室的大金字塔内部布局。

（弗兰克·莫尼耶）

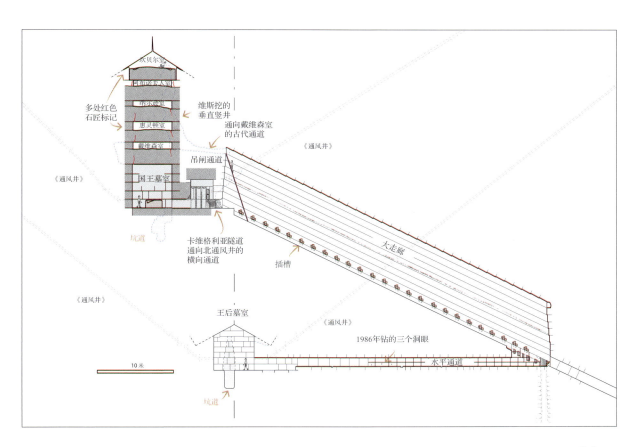

媒体的密切关注。但他们从这些孔中除了知道了砌石间的填缝质量极好外一无所获。一个日本团队在探测后又提出附近隐藏着多条走廊。到我写作完成时没有找到任何隐藏走廊，不过现有证据确实说明大走廊在施工过程中曾进行过重大改动，留下了许多异常的建筑特征。多排相同且直接叠放的砌石可能是用来遮挡古埃及人放弃的建筑结构的，且有人提出他们隐藏的是成排的储物室，

类似第三王朝的法老墓中发现的那些，但此类结构从未在胡夫之后的金字塔中发现过。虽然还未被证实，但建造时更改过设计这一想法是合理的。

像大走廊一样，王后墓室也异常壮观，并且很可能也是用图拉石灰石建造的。该墓室的底面比金字塔外的石铺面高近21米。它南北长5.23米（约10肘尺），东西长5.76米（约11肘尺），上面覆盖着一个巨大的三角形或尖顶石屋顶，其相交的内表面与水平面夹角为30°出头。顶梁沿东西向的中心脊线两两支撑，中心脊线与金字塔的南北塔面几乎等距。墓室内高从南墙处的4.69米到屋顶最高处的6.26米（约12肘尺）不等。墓室与金字塔东西两底边也几乎等距，但是实际上略向东偏。

墓室内的地板铺石已在古代某时期被全部拆除。18世纪时，残存的铺石被人们形容为混乱不堪，现在只有一块通向入口通道底面的台阶还在原地。墓室最东端的地面上挖了一个洞，该洞是古代探险家的作品。根据弗林德斯·皮特里的测量结果，东墙和西墙略向内倾，而北墙和南墙则微向北斜，垂直偏差在1到2.5厘米之间，误差极小，不会造成任何结构问题。实际上，它展示了超高的建造水准。霍华德·维斯上校在北墙西北角、紧贴石梁根处凿了一个洞，发现虽然屋顶露出的内坡长约3.05米，但石梁在墙内还有3.09米，因此顶梁总长度达到了6.14米。这样梁的重心就位于墙内，而不是在悬空的上方。皮特里认为这种分配方式可能是为了方便安放，可能也有利于运输，但弗兰

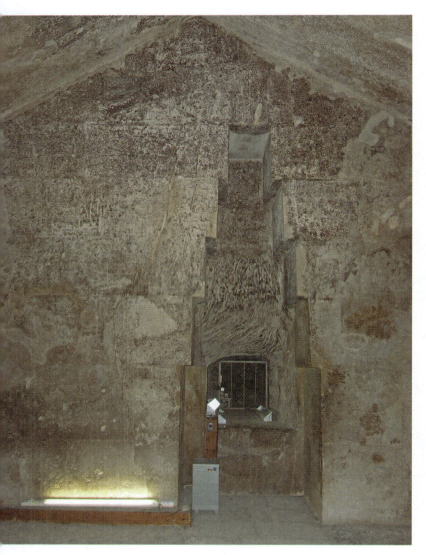

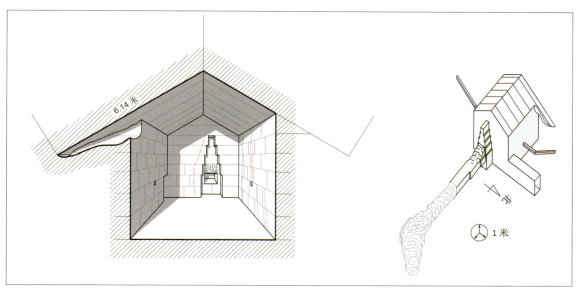

上：王后墓室东向立体透视图。裂缝以红色标注。右侧是王后墓室的等距视图，可见水平入口通道、竖井、壁龛和盗掘隧道。
（弗兰克·莫尼耶）

右：王后墓室西墙。
（乔恩·博兹沃思）

克·莫尼耶的重建结果表明，石梁是依靠成堆的支撑物慢慢移动到位的，从来没有自立，也不能借助起重装置将其吊装到位。只有在整个屋顶安放到位，且石梁能相互支撑住时，辅助装置和下方的材料才被移除。

这间墓室是人类有记录以来第一间采用石质三角屋顶的房间，因此对它的结构分析能提供非常多的有用信息。除了上述的轻微形变和倾斜外，四墙尤其是南墙和东墙上还存在着许多裂缝，这可能是在施工中造成的。在后来的金字塔中，三角屋顶的墓室没有这种裂缝，原因可能是后期结构中的南北墙不是主体元素，不承载上方的重物。倾斜的石梁直接越过内墙，

上：1910年的王后墓室东墙及阶式梁托壁龛。
（埃德加兄弟，1910年）

靠藏于墙后砌石深处的拱座支撑；垂直侧墙顶部上方留有空间，把它们与三角顶梁的底面或内弧面隔开。

　　然而就王后墓室而言，胡夫的建筑师似乎没有意识到将横梁与垂直墙壁分开的重要性，也不知道将横梁直接架在墙壁上又用拱座支撑存在的危险。墓室的垂直墙壁大致顶在横梁的中点处，会给这些位置造成强大的压力，并可能致使裂纹从这里蔓延开来。似乎建造这间墓室前建筑师并没有意识到此类危险，但这毕竟是这种屋顶空间的最初尝试之一，也是情有可原的。后期在侧墙上方留出空隙，是这种屋顶建造技术的一大改进。然而王后墓室的屋梁至今仍完好无损，就说明这个错误并不要紧。

　　墓室东墙里就是所谓的"壁龛"，

是一间切入墙内、有阶式梁托拱顶的高耸凹室，位置比墓室中轴线偏南。龛深1.05米（约2肘尺），底部宽1.57米（约3肘尺）。它被砌成梁托拱顶的形状，从下到上共有四级台阶，宽度逐渐收缩，到顶部缩小为0.52米（约1肘尺）。台阶从底部最宽处到顶部最窄处以半肘尺等差递减，分别为3肘尺、$2\frac{1}{2}$肘尺、2肘尺、$1\frac{1}{2}$肘尺和1肘尺，因此每根梁托的宽为$\frac{1}{4}$肘尺。

　　第一道梁托高度为1.70米，然后是0.81米、0.72米、0.74米和0.70米，这个不规则序列没有明显的象征意义或结构含义。壁龛总高为4.69米（不到9肘尺）。这间凹室的几何特点引发了人们对其象征意义和目的的猜测，而在其附近发现的闪长岩碎片也说明该凹室是用来放置雕像的。毫无疑问，这个小壁龛以及它中心处的一块石头，引起了古代探险家的注意，他们挪开石头，发现底下有一条松散地填满石头的隧道。怀揣找到密室的目的，他们把隧道挖了约6米，一直挖到由规则金字塔核心砌石筑起的砌体。向这处坚固的核心区又挖了9米后，他们接受了失败，彻底放弃。

　　乍看之下，隧道被精心掩盖的痕迹确实叫人起疑，但它周围的砌石排列不整齐，切割也粗糙，都说明它只是施工期间临时挖的，不是设计好的通道和墓室系统的最终部分。因此，它的作用与壁龛的目的无关，何况后者的梁托也没有延伸进墙后的砌石中。壁龛所用的石料是细粒石灰石，尺寸规整，接缝严密；而隧道周围的石头则是基础砌石，形状不规则，表面粗糙，缝隙宽大。品质的差异说明，金字塔的主体结构或核心区域并没有享受到与王后墓室一样的精心对待。壁龛中的隧道还说明，墓室和永久通道结构比周围的核心砌层建得早，至少王后墓室及其通道是这样，否则隧道不可能穿过两种材质的砌层。

弗兰克·莫尼耶认为，这条回填隧道不像有些人想的是密室存在的暗示，而更可能是一条旧有隧道的遗留，在王后墓室屋顶安放完后可帮助工人进来拆除安装顶梁时搭建的临时结构。临时结构可能是牢固的木质支撑架，也可能是中小尺寸的石头堆。这条次级通道系统可让工人清除临时物料时不必绕远路。回填隧道没有配保护屋顶，并且用完后就被堵死，而壁龛则没有，这有力地说明虽然壁龛的作用未明，但绝对与隧道的目的没有任何关系。

王后墓室可能不是为王后准备的，关于它的目的也出现了一些合理的假设。它可能原本设计为主墓室，但后来被国王墓室取代了。和国王墓室一样，它也有两条长长的观星井或通风井，分别指向北方和南方，但王后墓室的两条井并未完成，并且一直被封闭着。包括马克·莱纳和扎希·哈瓦斯在内的一些研究人员认为，王后墓室本是一间塞尔达布（一种摆放着附有法老灵魂的雕像、用作供奉死去法老的房屋）。左塞尔的阶梯金字塔就有一间，不过建在金字塔外部，北塔面下，在这里人们可以定期向已故的法老献祭。可是大金字塔建成后所有入口都被封死了，因此该假说似乎说不通。

观星井或通风井是两条细长的通道，横截面为21厘米×21厘米的正方形，入口分别在王后墓室南北墙上，离地均约1.50米，然后各自朝金字塔的南北塔面延伸。北墙上的井先沿水平方向向北延伸1.93米，然后朝上折向金字塔北塔面，穿过金字塔的坚固核心过程中还向西拐以避开大走廊，最后以约39°的倾角向上，几乎垂直地向大金字塔的外表面延伸，但在到达塔面前终止。第二条竖井入口在王后墓室南墙，与前一条正对。它先向南延伸1.96米，然后以与北竖井大致相同的角度（39°）向南攀升。王后墓室建完后，里面的两个竖井入口被一层薄薄的石层封死。1872年，正在开罗工作的苏格兰著名医生詹姆斯·格兰特（贝）发现了如今的洞口，同行的英国工程师韦恩曼·狄克逊（当时正在为苏格兰皇家天文学家查尔斯·皮亚齐·史密斯研究金字塔）命令手下工人将其打开。打开后，他们发现了石灰石表层下保存完好的竖井。他们在北井中找到了藏在那里的东西，估计是修建者留下的，现在叫作狄克逊文物，包括一个小铜钩（BM EA 67819）、一个白云石石球（BM EA 67818）和一小块木头，现在收藏在格兰特的故乡阿伯丁的马歇尔博物馆。

左：王后墓室的两个竖井入口之一，最初藏在石头后。1872年，詹姆斯·格兰特（贝）和韦恩曼·狄克逊凿破墙壁发现了它们。
（乔恩·博兹沃思）

已故埃及学者亚历山大·巴达维曾详细地研究过竖井，他认为这些井最初用作通风管道，因为维斯和佩林打开国王墓室里的类似竖井时，他们注意到外部有气流涌入。弗林德斯·皮特里跟随其后并把它们全都称作通风井。但事实上这可能不是它们的用途，因为王后墓室的竖井根本没有通到外面，而是在离外塔面很近时，就被刻意地彻底封死了。

20世纪末到21世纪初，人们在大金字塔内进行了几次公开科学探测项目，空前轰动，令王后墓室的观星/通风井成为媒体的焦点。鲁道夫·甘滕布林克领导的德国工程团队

在1992年至1993年间，使用装有履带和摄像机的微型机器人"乌普奥特1号"和"乌普奥特2号"进行了两次探测。乌普奥特这一名字来自古埃及豺狼神，古埃及人认为他可以引领法老和他的军队进入来世。

摄像机启动后，微型机器人被送入竖井中去探测里面的内容。结果发现北竖井拐角太大，行进几米后就无法继续，但在南竖井则一直前进了63.50米，最后机器人被一个嵌有两根铜突起的石灰石封石挡住了去路。这块封石被称为"门"，它的发现催生了另外两次探测项目，两次探测由埃及文物部长扎希·哈瓦斯亲自监督，试图探明它的究竟。探测团队研发出一个新机器人，名为"金字塔漫游者"。首次探测任务于2002年进行，国家地理频道全程直播。"金字塔漫游者"一路行至门前，并借助回声探头测出门只有几厘米厚。随后它用钻头在石门上钻了一个孔，并将装有迷你摄像头的探头穿入孔内，结果发现门后还有一个密闭空间，使得南竖井的长度延长了至少19厘米。遗憾的是，由于摄像头不能转动，也没有

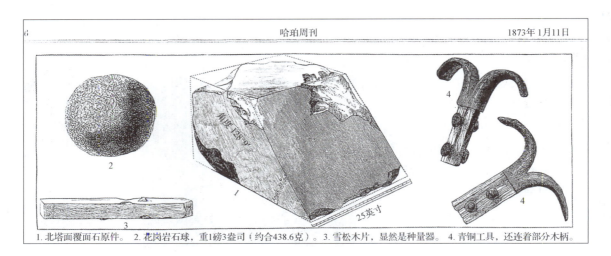

哈珀周刊　　　　　　　　　　　　　　　　1873年1月11日

1. 北塔面覆面石原件。　2. 花岗岩石球，重1磅3盎司（约合438.6克）。　3. 雪松木片，显然是种量器。　4. 青铜工具，还连着部分木柄。

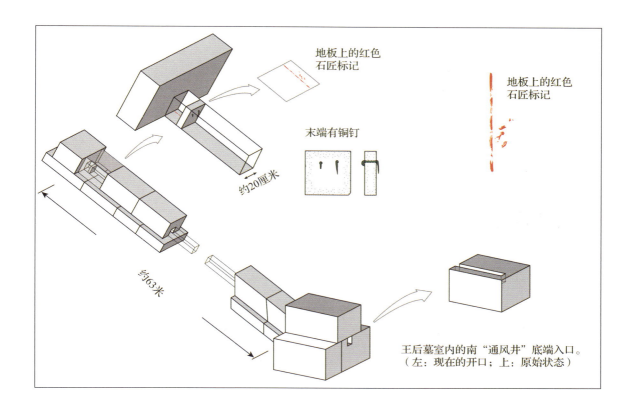

地板上的红色石匠标记

约20厘米

约63米

末端有铜钉

地板上的红色石匠标记

王后墓室内的南"通风井"底端入口。
（左：现在的开口；上：原始状态）

广角镜头，并且用的是低功率照明设备，几乎看不到任何细节。

利兹大学领导的一个团队获得了后续探测许可。2010年他们将一个机器人带到吉萨，根据韦斯特卡纸草书卷上记载的古埃及魔法师，取名为"杰迪漫游者"。它成功爬上北竖井的大幅度转角，结果也在约63米后终止，止步原因与南竖井相同，都有一道嵌着两个铜突起的"门"。

杰迪机器人来到南竖井的"门"前，把一个新摄像头放进已有的孔中，观察到门后空间的更多细节。然而除了发现修建者留下的一些施工记号外，再没有其他收获。与大金字塔内多处尤其是国王墓室上方的减重室内的记号一样，这些记号用的也是红色赭石颜料。有些研究人员认为，这些记号是埃及象形文字中的数字100、

20和1，在埃及记数系统中表示数字121，并推测它的意思是竖井长度121肘尺。人们还注意到，这个数字等于11×11，如果将国王墓室两条竖井的尺寸换算为肘尺后正好是11。如果这些竖井有什么象征意义，那么其长度和倾角所选的数字也完全有可能暗藏着某种意思。

每个石灰石块都有一对铜突起，但作用目前仍然未明。南竖井的封石厚度约为5厘米，北竖井的那块很可能也同样厚。

媒体围绕这扇门进行了铺天盖地的报道，几次探测投入的时间和金钱，都是抱着能在这块小石板后发现金字塔中隐藏密室的目的。然而最终的结果证明，这些门只是一个遗弃项目的尽头。尽管王后墓室里的竖井半途终结，但关于它们的初始用途还是

上：王后墓室北竖井。几次现代探测任务借助机器人探明它长63米，其末端被一块石板封闭，石板后面有一处小空隙。目前看来这是一条死路。
（弗兰克·莫尼耶）

97

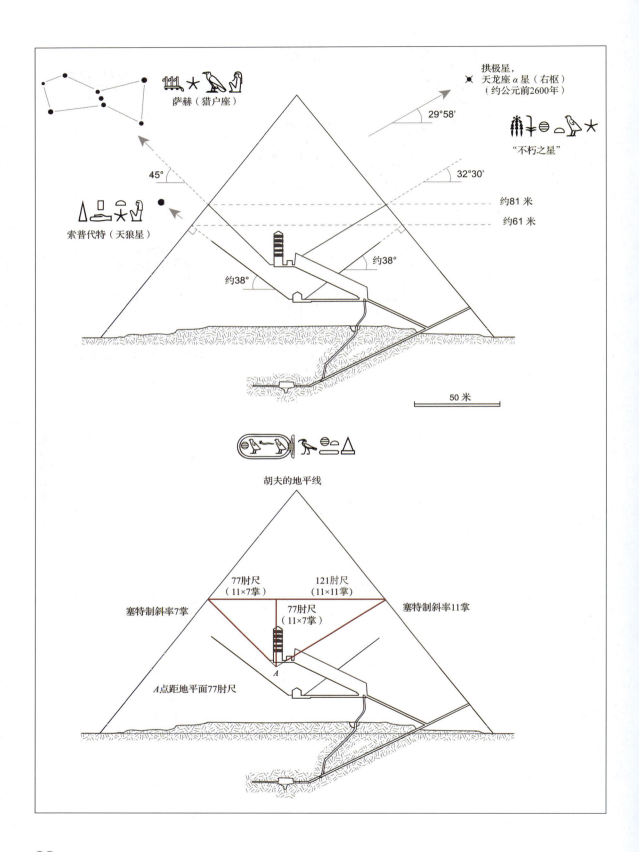

萨赫（猎户座）

拱极星，
天龙座 α 星（右枢）
（约公元前2600年）

29°58'

"不朽之星"

45°

32°30'

约81 米

约61 米

索普代特（天狼星）

约38°

约38°

50 米

胡夫的地平线

77肘尺
（11×7掌）

121肘尺
（11×11掌）

77肘尺
（11×7掌）

塞特制斜率7掌

塞特制斜率11掌

A

A点距地平面77肘尺

出现了多种假设，毕竟建造它们要耗费大量心血，而且其他任何金字塔内都没有类似结构。

由于国王墓室的竖井指向天空，即正北和太阳行经的正南方，许多学者认为它们可能指向夜空的某些古埃及人认为有特殊含义的恒星或区域。王后墓室的竖井已被封闭，但国王墓室的两条竖井一直通到金字塔的外塔面。最早的星辰理论似乎起源于共济会内，阿尔伯特·丘奇伍德在19世纪末撰写的一篇论文。他认为大金字塔是一座共济会神庙，而两条南竖井（当时错误地认为是平行的）则象征地指向被认为是"东天之光"的天狼星。后来，科学界也开始思考这方面的可能，古埃及学家亚历山大·巴达维将这两条竖井与古王国时期后期金字塔文中反复提及的天狼星联系起来。这位古埃及学家认为，国王墓室的南竖井让法老的灵魂飞向猎户座，而北竖井则指向"永恒的"拱极星，这些恒星永不"落"到地平线以下。这一考古–天文联系后来又经罗伯特·博瓦尔发扬光大，他认为整个吉萨金字塔群的排列是在复刻猎户座腰带的三颗最亮星。

对于这些观点，我们大都不能全盘接受，因为按此推理，竖井系统作为一个整体，它的理论规划或建造布局是提前敲定的，而事实上有许多迹象表明它们经过了改动，特别是王后墓室的两条竖井，很难说通它们是被预设为中途终止。由于这些建筑特征是大金字塔独有的，因此也很难理解为什么设计师要采用如此复杂的建筑方式来传达一种宗教概念，后来又突然放弃。虽然这些观点不能完全解释

竖井的指向与夜空中星辰的关系，但竖井可能承载着与法老的来世和天国有关的象征意味，对此已经在第1章中进行过详述。

鲁道夫·甘滕布林克之后又进行了几次探测，根据精准的测量结果，他推算出几条竖井的长度和倾角。对竖井的几何学特征进行详细分析后发现，每对竖井的出口或终点都位于同一水平面。王后墓室竖井结点离地面约69米，国王墓室的竖井出口离地面约81米。虽然王后墓室的竖井中途终止了，但它们的延伸方向与塔面几乎垂直，即取的是抵达外部的最短路径，而国王墓室的竖井则明显无意要与外塔面保持垂直。

国王墓室竖井的位置显然遵循的是一套更复杂的规则，以弥补国王墓室与南北轴线严重偏离的事实。尽管复杂，但国王墓室竖井仍在同一高度抵达金字塔外，并且可能也有其象征意义。

在上行通道顶部、大走廊底部缓步台西侧，有一个狭窄隧道的开口，这条隧道是挖出来的，辗转通向下行

通道底段，将金字塔地上和地下的两套墓室通道系统连接起来。尽管在某些地方辗转变向，但这条"辅助井"的直接路径表明，挖掘它的是修建者，而不是许多学者此前坚信的盗墓者。隧道顶部入口宽约70厘米，向西延伸约1.40米，然后突然垂直向下钻入大金字塔的核心砌层7米多，又略向南扎下8米，到达大金字塔的"石窟"。"石窟"其实是一个小石穴，底面有一个深洞，里面填满了沙子、砾石和黏土。大金字塔主体底部有一座基岩丘，石穴就是在天然基岩上凿出的，比大金字塔外的石铺面高出7~8米。核心砌层在基岩石丘的四周和上方垒起，而石穴则保留了下来，离金字塔底部中心很近。"石窟"北侧有垂直的砌石结构穿过，砌石都切成中等大小，并灌以砂浆，使"辅助井"的管道垂直穿过石穴。接下来，隧道继续向下穿过天然基岩，再突转向南大角度钻下26米，然后更陡峭地下行约10米，最后转为一条短短的水平隧道，与下行通道的西侧交会，交会处与通道底端相距7米。

这条陡峭的"辅助井"深近60米，每次只能容纳一名石匠作业，其挖掘难度必定很高。在其下部的基岩段最难施工的部分，是靠在岩石中凿一条斜竖井来解决的。在竖井顶部近乎垂直的阶段，挖掘者在井壁上凿了一些小的横向槽口，以供落脚。无论通道是从哪一端于挖，挖掘者都要持续暴露于挖掘产生的碎屑中，这是因为从上向下挖时凿出的碎石要从头顶运出隧道，从下向上挖时碎石会从头顶掉落。

最近，吉勒·多尔米翁重建了修建者挖掘这一段隧道的施工序列，过程很有说服力。他的理由如下：如果竖井的作用只是将大走廊与下行通道连接起来，那么古埃及人可能会选择一条更短、更直接的路线，因而在下行通道的出口也会比现在的位置高。然而在他看来，现有证据表明竖井的下段是先挖出来的，以便在施工初期就能进入地下墓室。这会对下行通道的修建十分有利，要知道下行通道修到这个位置时已位于地下30米，距离入口超过72米。经过漫长的距离进来再沿原路送出物料必定会严重拖慢施工进度，于是古埃及人似乎决定从此

下："石窟"平面图及纵剖面图。
（埃德加兄弟，1910年）

"石窟纵剖面图"（北向东西截面），从图中可见竖井共由10层灰砌石构成，那块神秘的钻了孔的花岗岩石块就塞在地板深坑的边缘。

吉萨大金字塔内的"石窟"平面图，图中可见竖井、花岗岩石块、地板上深坑的位置。阴影部分为天然岩石。

上："辅助井"下段在下行通道底段的开口。左图为竖井入口内。
（埃德加兄弟，1910年）

时施工抵达的位置修建第二条通道，直接通向地面。这将有助于氧气在这个深度的流动，而且也是清理挖出的碎石的备用路径。因此，对于该竖井，人们是从上方的基岩向下挖，先利用天然基岩中已经挖出的凹地——现在的"石窟"。后来，建筑师放弃了地下的墓室，打算在金字塔的地上部分另建一套墓室和通道。他们先用沙子、砾石和黏土填充了"石窟"，然后在其上方砌起核心砌层。后来，当上行通道的花岗岩封堵系统的安装需要再建一条逃生通道时，他们又从大走廊的底端缓步台向下挖竖井，并一直穿过"石窟"。为了防止石窟坍塌破坏逃生通道，他们又在"石窟"内建起石砌结构，最终将金字塔上下两部分连接起来。再次打通这条原始隧道后，最后一批施工人员可以从里面启动封堵系统，再一路穿过"辅助井"，最后从所谓的下行通道的顶部出来。

这个有关"辅助井"建造顺序的观点仍然存在许多问题，而且这种解释的确很复杂。有些古埃及学家和研究人员认为它不够连贯，因而不肯接受，用乔治·戈永的话就是"关上一扇门再打开一扇窗"。乍看之下这一观点似乎很难让人接受，可是如果把下行通道会在入口处封闭、国王墓室前正在安装吊闸系统纳入考虑范围，那么窗户根本就没有打开，甚至有可能下行通道的底端以及"辅助井"的下端开口也会被另一排封堵石封闭，虽然没有证据显示此封闭系统存在过。也许他们觉得既然国王墓室的前室已经安装了吊闸系统，就没必要再堵死从下方进入上层的通道。最后，我们必须承认，沿狭窄的"辅助井"近乎垂直地攀爬绝不是一件容易的事。

大走廊顶部有一块笔直的石灰石块，通常称作"大台阶"。它形成一座高台，直通金字塔内部墓室系统的

101

上左：通向国王墓室的前室。这段通道被三块吊闸石封闭，后被盗墓者打通。
（米歇尔·桑丘）

上右：封闭前室的一块吊闸石碎片，此碎片被盗墓者挪开。另有四块碎片发现于石窟、下行通道以及地下墓室水平入口通道的小凹进中。
（乔恩·博兹沃思）

最上层。它的上表面是金字塔中最高的平面，比外面的石铺面高43米。游客到达大走廊的顶部后，从大台阶上的一扇小门进入一条短通道，通道高1.12米（2肘尺1掌），宽1.05米（2肘尺），与远处下方的上下行通道尺寸相同。从通道出来是一间小前室，小前室比通道略窄，但高约3.79米。建这间前室的目的就是阻断进入后方安葬室的路。除了朝向大走廊的北端，整间前室用的都是红色阿斯旺花

岗岩。这种石头切割成型极其不易，想要突破更是难上加难。

这里曾经布满一系列花岗岩吊闸石，但现在都被破坏并清理干净了。虽然如此，前室还是保留了些许证据，能帮助考古学家用虚拟方式重现并厘清当初的封闭机制。大走廊出口上方的北墙内墙面由石灰石砌成且未打磨，而国王墓室入口上方的南壁内墙面装有四个又高又窄的垂直凹槽，宽8～9厘米，间距17厘米。在前室

下：封闭国王墓室入口通道的吊闸系统的复原图。
（弗兰克·莫尼耶）

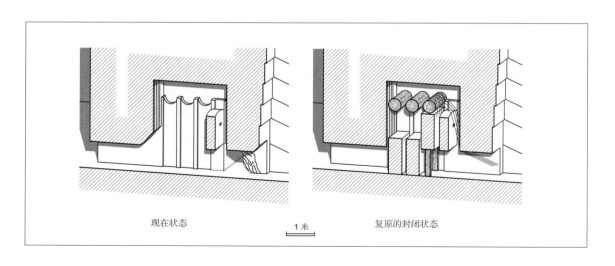

现在状态   1米   复原的封闭状态

东西两侧墙面上有三条宽大的垂直凹槽，宽52厘米（1肘尺）。三块巨大的花岗岩吊闸板曾安在这三对凹槽间，而第四块（名为花岗岩页，设计为不会落下）则守护着这些石块前方的入口。在金字塔各处曾发现过几块盗墓者弃置的花岗岩碎块，其中三块极有可能属于花岗岩吊闸板。其中两块有成对的孔，宽约7厘米，相距19厘米，与南墙上狭窄的垂直凹槽匹配。重建结果显示，三块花岗岩吊闸板沿两侧宽大的凹槽滑下，将通道完全封死。刚装上时，它们被墙上的木质楔子固定在待发位置。室顶凿出的半圆柱形凹槽中的原木上绕有绳索，绳索另一端连着吊闸石，同时也起固定作用。法老下葬后，工人先拔下楔子，再从大台阶附近的位置控制绳索放下吊闸板。绳索系在吊闸板的孔洞上，既方便吊闸板的下落，也有利于操作者对它们的控制。

虽然这一结构强大牢固，但盗墓者强行打穿了花岗岩页上方的石头，从封闭系统顶部绕道，又沿隧道向下到达国王墓室通道天花板。首次突破通道成功后，他们将吊闸板打破，并将碎片移出金字塔。尽管最后被破坏了，但这种配有三块垂直吊闸板的封闭系统是此类机关的首例。该设计显然获得了肯定，因为古王国时期的许多法老王陵都采用了类似系统，尤其在第六王朝时期该系统大行其道。

从前室出来是一段短短的走廊，尽头处就是整座金字塔中最雄伟的部分——胡夫下葬的国王墓室。这间大墓室是一个宏伟的长"盒子"，全部用精雕细琢的红色花岗岩块建成，并且没有丝毫装饰，很像简约的现代建筑。它的地板与前室和大台阶在同一水平面，且位于穿过金字塔中心的南北垂直面上。然而，与王后墓室不同，国王墓室在东西中心线以南。墓室的规模为底面10.47米×5.24米，高度5.84米，正好是20肘尺×10肘尺，高11肘尺又1掌，长轴为南北向。整间墓室所有的砌石，包括铺面、墙壁和室顶，全部由阿斯旺产的红色花岗岩制成，并经过仔细打磨，摸上去极光滑。

天花板内表面非常平坦，由九块长条石南北并排搭成，条石末端架在墓室的南北墙上。而在墓室上方，这

下：古王国时期及中王国时期常用的三种典型封闭系统。左边的首次使用于大金字塔中，后来又在第五王朝和第六王朝时期使用。

（弗兰克·莫尼耶）

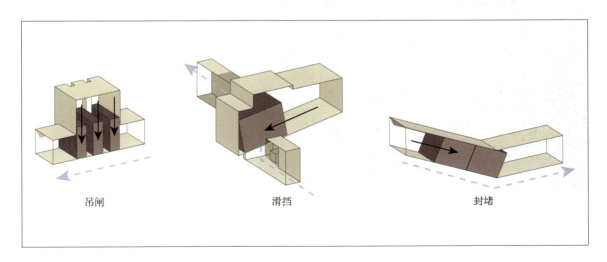

吊闸　　　　　滑挡　　　　　封堵

右：国王墓室西向视图，石棺安放在西区。（乔恩·博兹沃思）

下：国王墓室东向视图，入口位于北侧。（乔恩·博兹沃思）

些条石的上表面却非常粗糙，不像其他三面那么平坦能并排拼成平滑无缝的室顶。横梁末端嵌在南北墙内，无法看到。第一层横梁以上至少还有四层这种巨大的花岗岩条石，每层之间隔有1米高的空间。除了最上面的第四和第五间隔空间，其他的都以粗短的、内表面经过打磨的花岗岩做墙。最上层花岗岩横梁架在南北两侧的大石灰岩砌石上，横梁末端还立着两排石灰岩砌石，支撑着顶上的三角形屋顶。屋顶由成对的石灰石斜梁搭成，与下方的王后墓室类似。目前人们还不清楚三角屋顶是双层结构（如主入口拱顶）还是三层结构（如第五王朝和第六王朝金字塔墓室）。

国王墓室整体结构耗用的花岗岩总体积（包括在其上方减重空间所用的条石）约为1 100立方米，相当于约3 000吨红色花岗岩，全部从尼罗河上游距建造点800千米处的阿斯旺用木船运来。

英国探险家霍华德·维斯和约翰·雪伊·佩林在挖穿侧墙后发现了减重室，并以英国人的名字为它们命名。这就是为什么现在减重室从上到下分别叫坎贝尔室、阿布诺夫人室、纳尔逊室和惠灵顿室。底下的那间为纪念它的发现者而得名戴维森室。

19世纪这些减重室首次打通时，在坎贝尔室内仍然可以看到许多赭红色施工记号和象形文字，包括用简笔王名框圈着的胡夫名字。其他有用信息包括几处数字和水平标记，是金字塔修建技术的宝贵书面证据。尽管部分标记现在仍然可见，但大部分早已被大片现代涂鸦所覆盖，其中有些是用蜡烛熏写出的游客姓名。但是保留下来的信息和数字表明，它们是在其他地方切割并准备好后，又在金字塔里按预先排好的顺序安装起来的。

采用三角屋顶的"减重室"的混合设计，是在他处从未见过的，这一系列厚重条石的屋顶相当于两端固定的横梁，其作用可能是将三角屋顶高高地举起，以免干扰或影响大走廊的结构。采用三角拱顶可能具有某种象征意义，因为它取代了第四王朝初期金字塔中常见的更传统的阶式梁托拱顶，另外似乎建筑师也乐于放弃旧的拱顶结构尝试新设计，不过这种改变可能还有更可信的建筑原因。弗兰克·莫尼耶仔细研究了三角拱顶设计的发展以及弃用拱形屋顶的可能

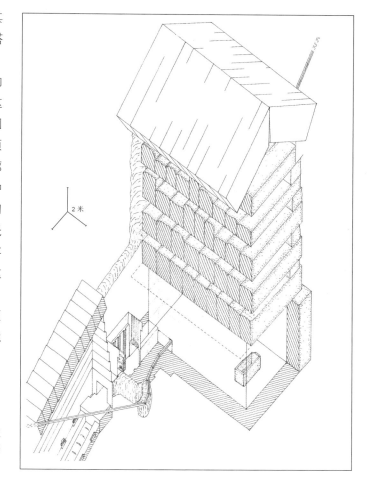

右：国王墓室及周边结构等距视图。图中的三角拱顶只能看到一层石梁，但实际可能有两层或者三层。（弗兰克·莫尼耶）

下：修建者在"减重室"内留下的标记和铭文。（霍华德·维斯，1840年）

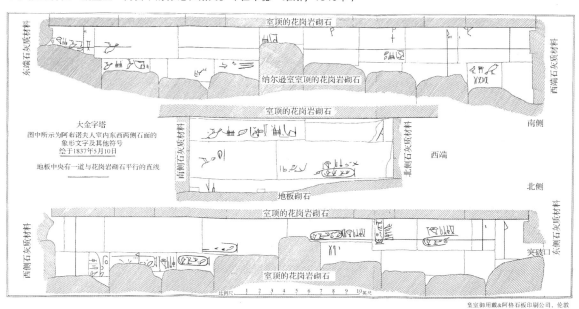

皇室御用戴&阿格石板印刷公司，伦敦

105

原因。从实用角度夹看，这种改变有些古怪，因为阶式梁托拱顶建造更简单且更结实。但是，莫尼耶认为，也许实用性不是唯一的考量因素。第五王朝末期以后，三角屋顶开始装饰上星辰图案，其象征意义越发清晰。从这方面去考虑，阶梯金字塔的轮廓类似阶式梁托拱顶，而三角屋顶形似有光滑表面的金字塔。真正的金字塔四个塔面都朝向天空，而三角屋顶墓室的内顶，借由微妙的反转，映射着外面的天空和金字塔。法老王陵也是通往另一个世界的门户，三角屋顶的两个斜面可能象征着两扇半开的门，正如金字塔文中多次提到的"天堂的两扇门"。

在"减重室"下方，国王墓室的东半区的南北墙上有一对观星井或通风井，开口距地面0.93米高，截面呈矩形，约21厘米x14厘米（与王后墓室类似，可能相当于3掌x2掌）。不过，国王墓室的竖井始终开放着入口，并延伸到了金字塔的南北两塔面。此外，王后墓室竖井的入口封

死，并且没到外面就终止了。国王墓室的两条竖井先向外水平延伸1.50米，再向上、向外倾斜，最后到达金字塔外表面。南出口距石铺面77.55米，北出口距石铺面78.43米。出口处的外部石头已被拆除，但计算表明，覆面石还在时，两个竖井还会继续延续到离石铺面约80.6米处（154肘尺）。北竖井的线路略偏西，以避开位于国王墓室北侧的大走廊结构。和王后墓室的竖井一样，它们也在20世纪90年代被乌普奥特机器人全部探测过，并进行了全面清理。现在它们成了现代通风系统的通风管道，向上层墓室供气，真正履行起原本设计的（或者错误归加于它们的）职责。

墓室西侧陈列着一具从一块整石上凿出的红色花岗岩石棺，它表明这里就是安葬室。弗林德斯·皮特里极尽详细地测量了石棺。从其尺寸判断，他认为石棺必是在墓室建完之前运进来的。古代盗墓者将棺盖撬开，并砸破了棺壁。不过从保留下的细节中，还是能比较确定地弄清它的原始封闭机制并进行重建。棺盖先由某种滑动系统滑到指定位置，然后用三个小圆柱石钉钉牢。石钉穿过棺盖边下的圆柱形孔，钉进棺壁上表面的对应孔眼中，就此封棺。

虽然国王墓室体积巨大且选材坚固强韧，但是有多处迹象表明，它在建造过程中出现了部分结构性失误。国王墓室底面的中心区域出现了下沉，北部比南部低5厘米，不过靠近东墙和西墙处下沉较轻微。有些垂直墙缝位移了几毫米，南墙因严重的裂缝和位移而变形，尤其是在通风井出

上：国王墓室南墙东段的严重裂缝。通风/观星井入口被严重损坏。（米歇尔·桑丘）

下：国王墓室中的石棺等距视图，标有弗林德斯·皮特里测量的标准尺寸。（弗兰克·莫尼耶）

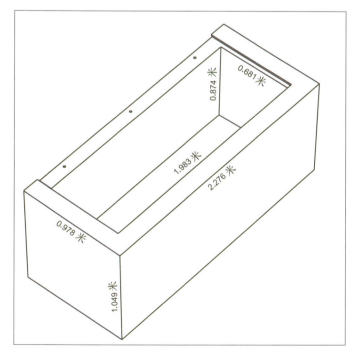

上：国王墓室内顶上的棕色印迹。它们可能是在室顶首次开裂后加装木质支架时留下的。
（米歇尔·桑丘）

口周围。观星井、通风井出口周围的边缘被凿掉，而天花板横梁的底面全部开裂，在靠近南墙处形成一条线。在国王墓室正上方的三个"减重室"内也出现了类似情况。不过，最顶上的坎贝尔室的横梁倒是没有受到同样破坏，只有与北墙的接缝裂开了3厘米。三角屋顶的斜梁交缝也沿中心线张开3至5厘米。

1765年，英国外交官纳撒尼尔·戴维森首次在大走廊顶部的砌石中发现一个开口。他沿着那条刻意绕开下方花岗岩石块的隧道行进了几米，发现自己直接进入了第一"减重室"内，这间紧挨国王墓室的石室现在就以他的名字命名。这条直通它的隧道还说明，挖掘它的人知道如何避开国王墓室上方的花岗岩石块。这些证据似乎都暗示外部建筑完成之后，国王墓室施工之时发生了某种事故，于是工程总监挖了这条临时通道来检查国王墓室上方的损坏情况。显然，古代工人们觉得只检查第一"减重室"就足够，因为他们没有继续扩大检查范围。44个世纪后，英国探险家霍华德·维斯和约翰·雪伊·佩林又挖了一条绕过东侧天花板的垂直隧道，

成为今天通往上层几间"减重室"的通道。

国王墓室靠近南北墙的天花板上有几处棕色印迹，它们可能暗示建筑师因担心屋顶不稳而安装过木头支架。这些印迹超过1米长，并且都位于靠近两墙的石梁中轴。离墙壁较远处还有两个小矩形印迹。国王墓室高5.84米，这么高的支撑结构当然需要非常长的木料。这些木料要么通过上下行通道进入金字塔，要么将金字塔内当时已有的结构再利用。计算表明，所需长度的木料完全可以通过上下行通道的交会处运进来，事实上，交会处上边缘的确有一道斜切口，可能就是为方便木料通过而切的。另一种可能是，国王墓室中的印迹是从800多千米外的南部采石场运进石料时，由所用的支撑物留下的，因此这些支撑物与施工出现的建筑事故没有关系。然而对比上方"减重室"，这些印迹只存在于国王墓室中，因此最有可能的原因仍然是，它们与加固工程有关。

1882年，弗林德斯·皮特里在勘测时发现了裂缝。但是直到20世纪80年代，由吉勒·多尔米翁和让-帕特里斯·戈伊丁领导的一项有争议的研究，才开始了精确测量和后续结构变化的记录。虽然使用了当时最先进的研究方法和科技手段，但是由于团队默认存在着一间密室，其研究价值大打折扣。他们采用的结构力学解释都基于国王墓室紧挨着一处空腔。该研究没有定论，仅暗示石材种类的不同可能是造成变形和裂缝的原因。参与研究的土木工程师让·克里塞尔在

详细分析后认为，原因肯定是南墙后的石料堆砌不均匀，因为只有这样才会导致剪应力使上方的悬臂式花岗岩破裂，导致石头结构出现这种变化。无论原因是什么，裂缝都与外部结构完成后、施工末期发生的灾难有关。弗林德斯·皮特里认为也有可能是地震等外部原因造成的，但目前尚无明确的证据支持该假设。

建造期间是否对预规划的工程进行过更改

上行通道的下段和"辅助井"的上段是在完成后的核心砌层中挖出的，这似乎暗示这些改动被纳入了原始设计。这一事实使得弗林德斯·皮特里和路德维希·博尔夏特怀疑金字塔的原始规划在建造过程中出现了更改。金字塔的其他特征也表明建造者曾更改过计划，如两套不同且各自独立的地上墓室系统，以及王后墓室的观星井、通风井终止于到达外部之前。

另一方面，包括赖纳·施塔德尔曼在内的某些研究人员并不认同这种观点。斯塔德尔曼认为，出于象征性或宗教原因，古埃及的墓葬建筑师自早王朝时期起，就一直采用三墓室布局建造法老陵墓。这种传统可以解释胡夫金字塔的内部布局，并证明建造过程中计划没有改动。然而，"三室系统"理论提得过于武断。必须得查看所有墓葬布局后，才能证实本时期所有王陵都遵照该理论建造。

这种认为大金字塔是遵照着一个连续的设计方案而建的假设，反映

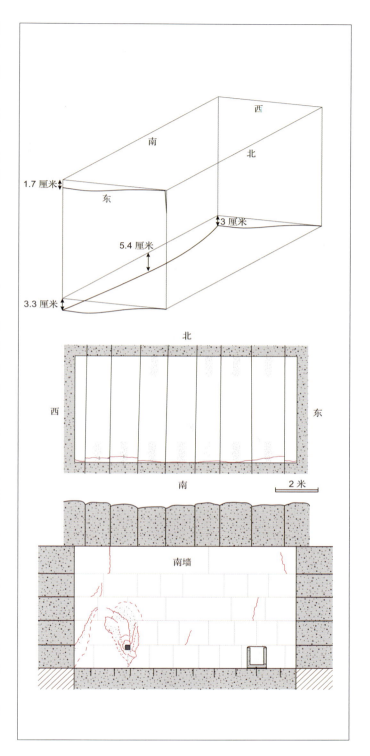

上：国王墓室结构设计失误的证据。最上侧的图显示了墙壁的位移。下面的两幅图标出了内顶上的棕色印迹和裂缝，以及南墙上的裂缝。（弗兰克·莫尼耶）

了长期以来广泛存在的一种观念，即在大金字塔的建造过程中人们没有出现过任何程度的犹豫或错误。这种观念更像是一个执念，因为并没有清晰的证据可以证明或客观的事实可以说明。国王墓室显然发生过重大失误，但许多研究人员仍然不愿接受这一事实，即拥有完美外形的古代奇迹之一的金字塔竟然会存在瑕疵。这种超凡地位的问题在于，人们将这座伟大建筑从它的历史背景以及修建前后的建筑发展进程中剥离开了。在左塞尔和哈夫拉统治期间的几座金字塔确实保留了许多传统元素，但是设计在不断变化，大金字塔的设计也不例外。

另一方面，人们将所有更改归咎于施工期间发生的错误或失误，可能是误解了这些更改的性质。施工过程中进行修改不一定是因为出现了

错误、事故或过失，也可能是进行创新、改进或只是改了主意。由于这些工程需要花费数十年的时间，因此，如果工程总监后来做出与法老统治初期时不同的决定，或者施工几年后突然改变设计，也就没什么奇怪了。古埃及建筑师的技术和才华，蕴藏于他们创造超级建筑和开发新建筑技术的能力中，以实现法老的建筑雄心。

由于大金字塔的内部系统都建在一个南北垂直面上，从最靠近尼罗河的东侧看去，所有内部布局都处于一个纵剖面，这也是第四王朝其他金字塔的特点。对这些垂直面进行的比较研究很可能会得出这样的结论：大金字塔独一无二。然而，平面图显示了此类建筑的一种更经典的模式：入口在北侧；通往安葬室的通道向南延伸，并设有三块吊闸板的封闭系统；

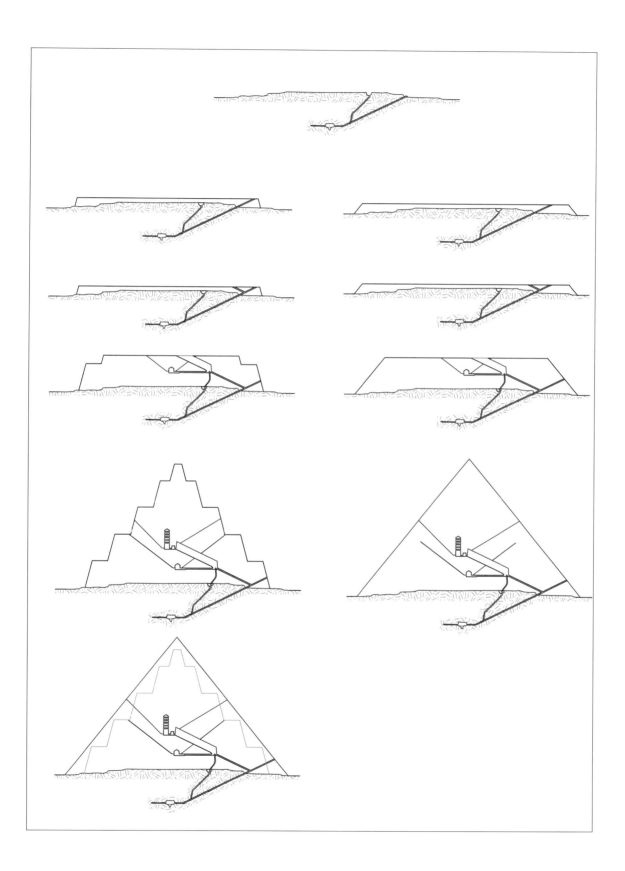

安葬室坐东向西，并覆以三角形拱顶，石棺摆放在西端。

胡夫之父斯尼夫鲁建造的多个金字塔除了引入某些重要创新外，还说明在建造王陵期间，反复试验是惯例。实际上，似乎直到胡夫统治时期，内部地下墓室和通道在经历升至地上或弃用后，墓葬建筑才最终固定为一种简洁的样式。

丧葬意识形态最终以严谨的方式寓意于墓室中。太阳每日的"周游"——从东方升至生之世界，落于西方沙漠上方的死之都城，通过长方形墓室长度两倍于南北轴的东西轴线表达出来。石棺靠西端摆放，入口通道的方向对准了北部天空中的"不朽之星"，人们认为法老可以借由它抵达来世。

大金字塔的上层布局后来甚少改变，最后在第五和第六王朝成为经典的法老王陵标准。合起来说，大金字塔的内部布局是一张多次修改的羊皮纸，它的王后墓室和地下墓室打着废弃的烙印，只有经典的上层结构才是最终想要的结果。

左：大金字塔西向剖面图

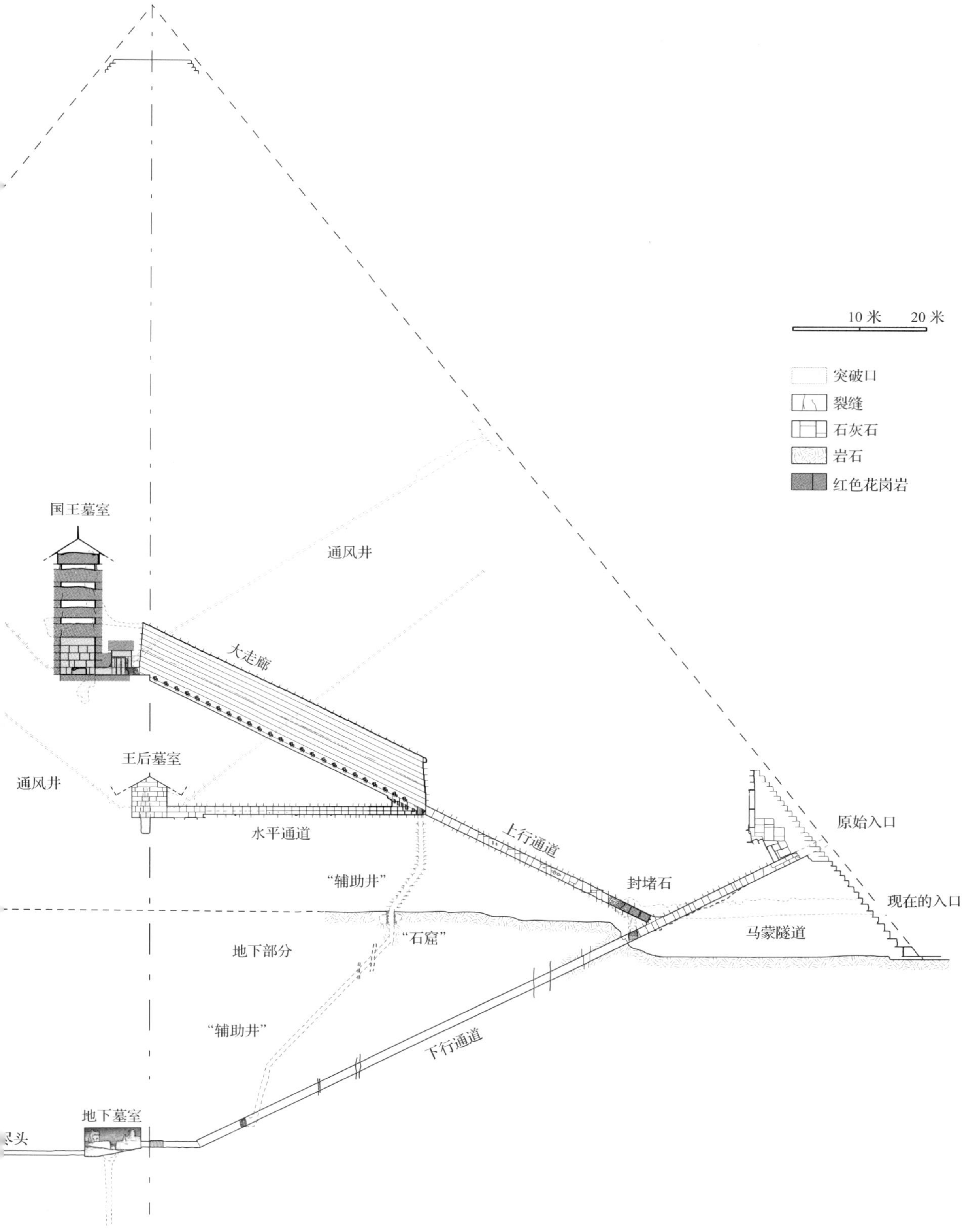
10 米 20 米
突破口
裂缝
石灰石
岩石
红色花岗岩
国王墓室
通风井
大走廊
王后墓室
通风井
水平通道
上行通道
原始入口
"辅助井"
封堵石
现在的入口
马蒙隧道
"石窟"
地下部分
"辅助井"
下行通道
地下墓室
尽头

第3章
建造大金字塔

大金字塔虽然历经了几千年的破坏和侵蚀，但仍保留下了古埃及建筑方法的证据，其中部分修建者的身份如今也已知晓。虽然绝大多数修建者并没有留下任何书面历史记录，但是大金字塔的工程总监以及设计者确实留下了些许信息。他们的纸草记录、浮雕、坟墓和雕像向我们展示了大金字塔修建者的生活和工作。

左：哈夫拉金字塔脚下采石场遗迹。左上角是金字塔。（弗兰克·莫尼耶）

谁修建了大金字塔

吉萨王陵的修建者们背景迥异、分工不同。高级官员与底层劳力携手，博学书吏与老练工匠合力，细心的管理者与专业的勘测员合作。大多数体力劳动者编成小组进行采石、运输和打磨工作，但还有很多人负责安排食物、淡啤酒和水等辅助任务。他们因这个伟大工程而走到一起，使他们的君王永生，也使自己不朽。遗憾的是，大多数参与者的信息寥寥无几。只有少量高官在自己的马斯塔巴中留下了生平细节，而大多数工人并没有留下他们的日常活动信息，除了他们所在的团队的作用或职责范围，他们对金字塔的设计改善或工程规划的贡献则只字不提。

丧葬和宗教铭文完全没有提及建筑尝新或预规划的设计。这样做可能是为了保护金字塔的神性，即金字塔受神的启示而建。新王国时期的证据表明，为确保所有工作都能顺利进行，这些工程是按玛特的设计进行的。玛特女神代表真理、和谐与宇宙的微妙平衡。古王国时期可能也遵循同样的信念。胡夫的父亲被称为斯尼夫鲁，"让一切完美的人，荷鲁斯，玛特的主人"。

不过，考古工作者已经发现了几块被遗忘的陶片（ostraca，用来记录建筑工地活动的石灰石片或陶片素写板），上面绘有建筑结构图，凭此可以重建建筑师在规划期间考虑的某些工程问题。此类绘图由被称为"图表抄写员"（sesh-qedu）的书吏制作。

金字塔的设计和建造中最著名的参与者是伊姆霍特普。他被誉为最博学的人：法老左塞尔的建筑师、艺术家和雕塑家，同时也是最早用砌石建造大型建筑物的人，他的名字一直流传到后世。在新王国时期，他被视作神灵，他的美名传遍整个地中海盆地，他曾被希腊人和罗马人尊为伟大的医师，并最终成为文艺复兴时期炼金术和共济会组织的重要人物。然而有关这位伟人的生平信息极少，只有一段刻在雕像底座的同时期铭文，但这段话证明了他的存在以及他在左塞尔统治期间肩负的多项职责。

下：维齐耶安哈夫雕像，现陈列于波士顿艺术博物馆。（阿兰·吉耶）

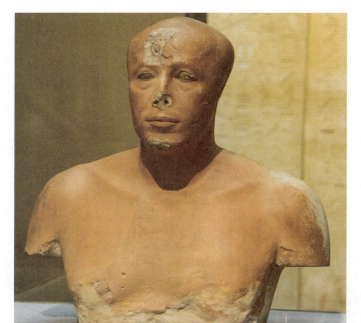

下埃及国王的大臣、上埃及国王的首相、大王宫的总管、世袭贵族、赫利奥波利斯大祭司伊姆霍特普，木结构建筑师、雕塑家、石瓶制造者。（塞加拉伊姆霍特普博物馆，JE 49889）

根据口头传说和书面记录，后世的埃及人将伊姆霍特普视为天才。埃德富神庙（译者注：又译为埃德夫神庙，埃及第二大神庙，供奉着荷鲁斯）里的铭文直言这位学者是这座完美神庙的建造智囊。我们从这些文字中能隐约看出这位著名人物的非凡成就。他的头衔提到了他担任的各种职务，而且他曾负责过左塞尔的王陵建筑群建造项目，不过这里面没有"工程总管"，这个头衔在后来的埃及史中很常见，它指的是代表法老监督建筑工地的人，以及在新神庙奠基仪式上与法老并肩站立的人。

海米昂常被视为胡夫金字塔的建筑师和工程总管。他的父亲奈菲尔玛特曾是胡夫之父斯尼夫鲁统治早期的王陵总监。发现于红海沿岸的瓦迪–雅尔夫纸草书卷提到，一个叫安哈夫的人曾担任过胡夫金字塔的工程总监。他是胡夫的兄弟，可能在法老统治末期担任这一职务。两位官员都有雕像保存下来，并且都是古王国时期最出色的艺术瑰宝。雕像塑造了两个截然不同的形象：海米昂不怒自威，神态放松，但稍有点胖；安哈夫则更紧张，好像要应对许多事务，他看起来很果决，但眉宇间透着疲惫。

古埃及语中并没有与现代术语"建筑师"对应的词汇，"工程总管"这一头衔无疑涵盖了很多职责，从简单的工地管理到当今术语"项目总监"。法老的国务副手维齐耶（译者注：阿拉伯语，对宫廷大臣或宰相的称呼）通常也担任这一职务，但维齐耶担负的责任太多，肯定抽不出时间在现场指挥施工，或改进第三王朝或第四王朝初使用的建筑技术。

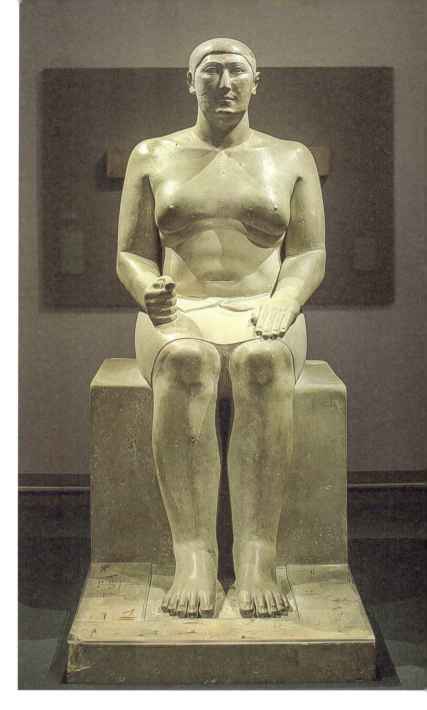

上：维齐耶海米昂雕像，现陈列于伊尔德塞姆博物馆。（阿兰·吉耶）

要完成这些宏伟的建筑，法老需依赖他的维齐耶召集一批最能干的技术精英和管理人才，最有能力承担所需任务之人。从斯尼夫鲁到孟卡拉，前后建造了一系列规模巨大的第四王朝王陵，而这些都是在一个世纪内完成的。如果没有健全的才能发

挥政策和唯才是用的选拔制度，这一切就不可能实现。官员的履历中经常提到，他们的贡献卓著，赢得了法老的认可，并因出色表现而受到嘉奖。就法老而言，让成千上万名工人全力以赴非常重要，因为他的寿命是有限的。团队采用的名称通常为"族"或"部"，这表明竞争是他们的动力之一。"精力旺盛队"和"耐力持久队"表明身强体壮很受重视，而"克努姆–胡夫的强势白王冠队"可能在表达对其上埃及出身的自豪感，因为白王冠是那一地区的王冠。

工人们被编制进一个等级体系中。每个部门有2 000名工人，一个部门分为两组（aperu），每组1 000名工人，一个组又分为5个部（sa），每部200名工人，部再分成20个小队，每队10名工人。根据马克·莱纳的计算，要保证大金字塔能在规定时间内完成，每个小队每天必须运输并安放至少五块砌石，即每两小时安放一块砌石（以每天工作10小时计算）。总共需要1 360名工人来运输砌石。由于每组仅有1 000名工人，很可能2 000名工人都从事该工作。人们在胡夫金

字塔墓室上方的"减重室"内发现的建筑铭文提到了三个组，因此，似乎不止一个部门参与了建筑材料的运输，至少在核心砌层的建设与复杂结构的添加同时进行时必须如此。另外还需要1 000名劳力负责切割和打磨石块，必须配备打造和维修工具的工匠，以及负责石料开采和后勤的人员，这些都要计算进去。因而马克·莱纳估计总数至少得20 000人，尽管其中大多数人都是季节性的，即趁着洪水泛滥季节农田被淹时来服徭役。

要管理如此庞大的劳动力群体，古埃及人必须建立起后勤管理系统，配备严格的管理和会计支持。这个庞大的群体就居住在离建筑工地不远的海特–古罗布工人城。马克·莱纳领导的考古团队（属于吉萨制图项目）发掘出一处哈夫拉和孟卡拉时期的工人城遗址。它位于河谷平原与高地墓葬群交界处，周围有一圈厚实的防御墙（也叫"乌鸦之墙"）。在工人城的发掘过程中考古工作者发现了一系列长长的有顶走廊，每座似乎都有两层，能容纳40至50人。房间里有一处警卫室，另有厨房和储物区。似

右：马尔萨拉石灰石峭壁里的古矿道入口。（佐默斯·克拉克与雷金纳尔德·恩格尔巴赫，1930年）

乎不少于2 000名工人长期居住在这里，由国家雇佣、供养，并受离镇不远的管理区指挥。胡夫时期的工人城还未被发现。

原料来源

地质专家迪特里希和罗斯玛丽·克莱姆对埃及岩石进行了长期研究后，弄清了埃及古王国时期金字塔所用石料的来源细节。这两名德国地质学家与埃及文物部（现为国家文物部）合作，从各古迹处收集了近1 500份样本，进行了地球化学和岩石学分析。通过分析岩石微观结构，专家可以对众多采石场和可疑原料开采场的碎片进行比对。他们的分析结果表明，建造金字塔的大部分材料取自当地。石灰石的供应可能也是影响金字塔选址的一个因素，虽然它不是第一个被考虑，但最终成了最重要的那一个。

吉萨高地东南部靠近哈夫拉金字塔周围还有一些采石场清晰可辨，在不远处的格贝尔–马达瓦拉（Gabal el–Madawarah）的阿布·拉瓦什金字塔遗址中也能看到不少。

用于墓室和祭庙的更优质岩石也被找了个遍，勘查人员和采石人员走遍埃及的各处以寻找优质原料。细粒石灰石被用来给金字塔覆面，但这种石材很稀少。从斯尼夫鲁时期开始，人们就一直在尼罗河东岸的东莫卡塔姆、图拉和

下：胡夫统治时期各采石场和矿场的位置。（弗兰克·莫尼耶）

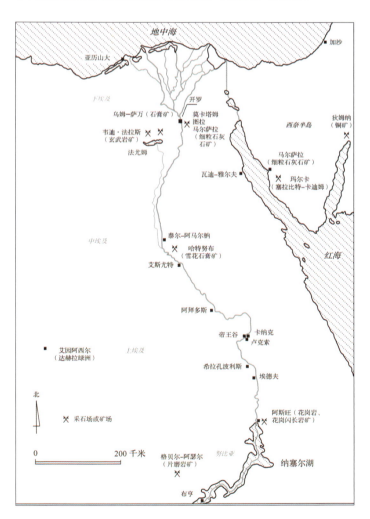

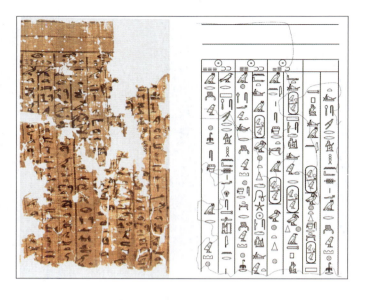

上：监工梅勒的日记节选，夹杂在瓦迪-雅尔夫发现的纸草书卷中。日记记载了胡夫统治末期用船从图拉采石场往胡夫建筑群运送石灰石砌石的过程。
（皮埃尔·塔莱）

阿拜多斯墓葬就已经出现了花岗岩元素，但大量使用是从左塞尔金字塔开始的。在胡夫统治时期，花岗岩极受重视，到哈夫拉时期其开采量达到顶峰。

第五王朝乌纳斯金字塔的堤道浮雕上描绘着整块花岗岩圆柱和檐口在河上运输的画面，目的地就是乌纳斯的葬祭庙。旁边配的象形文字指出，它们来自阿布，即埃利潘蒂尼的古埃及名字，现在的阿斯旺。另外，第六王朝官员维尼葬祭庙的石碑上（现藏于开罗博物馆），画着花岗岩建筑元素和法老的杂砂岩石棺装船的情景。

马尔萨拉的矿场开采，现在这几个地方已经成了开罗的南部城郊。

在瓦迪-雅尔夫港口附近发现的纸草碎片，记录着石材从图拉到新的胡夫金字塔建筑工地的运输过程，胡夫金字塔用的是它的古埃及名字：胡夫的地平线。

第26天监工梅勒及其团队从图拉南部启航，装满为胡夫的地平线准备的石头，在胡夫湖过夜。

第27天从胡夫湖启航，满载石材，航行到胡夫的地平线；在胡夫的地平线过夜。

第28天早上从胡夫的地平线启航，沿河返回图拉南部。

第29天这一天监工梅勒及其团队都在图拉南部收集石材，在图拉南部过夜。

红色花岗岩和花岗闪长岩这些硬质岩石则开采于广阔的阿斯旺矿场，该矿场在吉萨所在的孟菲斯墓葬群以南800多千米处。尽管早王朝时期的

陛下派我去伊巴特（Ibhat），将石棺"活胸"及其棺盖带回，还有我的女主人迈兰拉的金字塔的华贵、庄严的金字塔方尖锥。

陛下派我去埃利潘蒂尼，运回花岗岩假门及其门楣以及其他花岗岩门和相关部件，并将我的女主人迈兰拉的金字塔的花岗岩门和门楣一同带回。这次航行共带了六艘驳船、三艘运输船和三艘八桨/肋船。我带着船队驶向北方的迈兰拉金字塔。

陛下派我去哈特努布运回一张哈特努布雪花石膏大供桌。供桌的原料开采用了17天，然后由我安排运输事宜。我用一艘驳船载着它驶回北方；驳船长60肘尺、宽30肘尺，由金合欢木制成，在收获季〔译者注：埃及分三个季度，即洪水泛滥季（Akhet）、生长季（Peret）和收获季（Shemu），生长季播种，收获季收获〕的第三个月用了17天才组装完。尽管沙洲没有水，但我成功地将船泊在迈兰拉金字塔下。我负责的每项使命都完全按照

我主陛下的要求完成。陛下派［我］去上埃及挖五条运河，并制作三艘驳船和四艘运输船，造船用的金合欢木由境外的伊杰特（Irtjet）、瓦瓦特（wawat）、伊艾姆（iam）和梅贾（medja）（译者注：均位于现在的努比亚）的国王提供。我用了一年时间完成这项任务，包括向运河通水，给船装满建迈兰拉金字塔所需的大量花岗岩。［出自奈杰尔·斯特拉德威克（Nigel Strudwick）的《金字塔时代的文本》（*Texts from the Pyramid Age*）第256项］

这些文字直言雪花石膏来自哈特努布，在现在埃及中部泰尔－阿马尔纳（Tell el-Amarna）东南部。采石场入口有一块刻有胡夫名字铭文的岩石。制造法老塞汉赫特和胡夫之母海特菲莉斯一世王后石棺的雪花石膏都采自这里。

石膏作为古王国时期制造砂浆的原料，主要从法尤姆东北的乌姆－萨万地区开采。此地距吉萨极近，说明可能已成为吉萨墓葬群所需石膏的主要供应地之一，估计仅大金字塔就需要50万吨。

上左：格贝尔－阿瑟尔的片麻岩采石场。（詹姆斯·哈勒尔）

上右：格贝尔－阿瑟尔片麻岩采石场入口刻有胡夫名字的石碑。（雷金纳尔德·恩格尔巴赫，1938年）

下：韦丹－法拉斯玄武岩采石场全景。（弗兰克·莫尼耶）

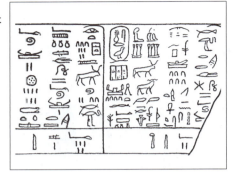

右：巴勒莫石碑节选，文中记载了开采大量木材建造大型船只。（海因里希·舍费尔，1902年）

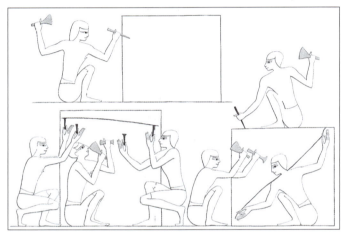

上：雷赫米勒墓中描绘工人切割、加工砌石的画面。（伊波利托·罗塞利尼，1834年）

右：古埃及人使用的原始工具，包括测量绳、一把木槌以及一柄铜錾，现陈列于开罗博物馆。（弗兰克·莫尼耶）

制作哈夫拉河谷庙雕像的暗绿石/片麻岩来自努比亚南部，即阿布辛贝西北65千米处的沙漠西部地区（叫作"哈夫拉采石场"）。当地有一座石碑上刻着胡夫的王名框，证明它开采于胡夫统治时期。

胡夫葬祭庙地板所铺的黑色玄武岩，可能开采自法尤姆北部的韦丹–法拉斯（格贝尔–夸特拉尼）。采石场有一条以石头铺面的老路直通湖的旧岸，石料可能从这里装上船运到吉萨。

所有原料的开采和加工都离不开铜。凿石工和大匠所用的成千上万件工具都是用这种贵重金属制成的。铜矿石开采于吉萨以东的西奈地区、距红海不远的塞拉比特–卡迪姆铜矿，可能还有现在以色列的提姆纳（Timna）铜矿。斯尼夫鲁和胡夫的采矿团队将名字刻在塞拉比特–卡迪姆的岩壁上，并附文庆祝攻打骚扰古埃及采矿行动的贝都因人取得的胜利。这种大型矿场的战略价值不言而喻，也难怪古埃及人要在附近的玛尔卡沿海平原建立堡垒，守护着红海对岸的瓦迪–雅尔夫港。这座港口是进口货物经瓦迪–阿拉伯和中埃及返回孟菲斯地区的咽喉要道。

另外，木材的需求量也极大。当地的木材种类如棕榈和无花果树用于加固坡道和堤道。金合欢树、枣树和埃及姜果棕用于建造人员和物资的长途运输船。还有从黎巴嫩山区和港口进口的外国木材，如松树以及贵重的雪松。黎巴嫩山区生长的雪松高大，制成的长木板适合制造大型脚手架和强劲的杠杆。雪松还被广泛用于造船，胡夫的"太阳船"就是其中一例。

巴勒莫石碑的编年史上记载，斯尼夫鲁统治期间曾购买雪松建造了两艘长52.4米（100肘尺）的船，另外还提到40艘载满松树的船。虽然大部分木材取自当地，但很明显，这样大的建造工程木材需求量自然极大，只有国外资源才能满足。

原料加工

自从一篇有关已知古埃及采石和加工方法的综合研究文章发表以来，这个问题就不再神秘。从采石工和石匠留下的大量凿印与刻痕可以推断他们所使用的大致方法。然而某些人仍然对此存在误解，坚持认为古埃及石器工艺在那个时代达不到如此成就。许多人开始寻求其他观点，来解释这些前所未有的建筑，如有人提出，这些砌石实际上是一种现场混合的混凝土。然而若能深入了解其方法和工具，就会发现这样庞大的工程完全可以实现。

目前已发掘出许多石材加工工具。中王国时期以后，古埃及人使用的主要是青铜工具，但纵观整个王朝时期，用于雕琢砂岩和石灰石等软质石材的主要还是铜质工具。第四王朝时期的吉萨孟卡拉葬祭庙用的是本地石灰石砌石，上面有许多用锤子砸铜錾留下的长印痕。然而铜錾凿不动花岗岩、花岗闪长岩和石英岩等坚硬

上：凯姆莱胡马斯塔巴浮雕，描绘了雕刻打磨石雕像的雕塑家及其所用的工具。（开罗博物馆，弗兰克·莫尼耶）

下左：阿斯旺的熔岩球，用来打磨花岗岩等硬石。（詹姆斯·哈勒尔）

下右：开罗博物馆收藏的石斧工具。（弗兰克·莫尼耶）

石材，石匠只能另寻其他工具，最常用的就是球形或卵形的敲击石（通常为白云石）。人们在古阿斯旺红色花岗岩采石场地面上发现了许多这种工具，在孟菲斯墓葬群也出土了很多，尤其是左塞尔金字塔和吉萨大金字塔附近，甚至在胡夫金字塔的一条观星井、通风井里还发现了一块。

位于卢克索西岸的第十八王朝维齐耶Rekhmire陵墓壁画上，描绘着用敲击石制作石灰石斯芬克斯和巨大花岗岩雕像的情景。有些敲击石侧面装有把手，以方便抓握。其质量可能从几千克到几十千克不等。克拉克和恩格尔巴赫详细研究了这些工具在开采第十八王朝著名的未完成的阿斯旺方尖碑时的作用。这座方尖碑虽未成功，却彰显了古埃及建造者的雄心。方尖碑高约42米，接近大金字塔高度的三分之一，质量接近1 000吨。遗憾的是，开采过程中出现了一条巨大裂缝，人们只得中途放弃。虽然它比

伟大的金字塔时代晚了1 000年，但使用的开采方法仍能反映出古王国时期古埃及人的能力，因为在阿斯旺附近的库比-哈瓦有第六王朝萨班的陵墓，其铭文明确提到当时正在树立方尖碑。

陛下派我去瓦瓦特建造两艘大驳船，以便将两座大方尖碑运到北方的赫利奥波利斯。（出自奈杰尔·斯特拉德威克的《金字塔时代的文本》第244页）

方尖碑所用的技术具有明显的连续性。巨大碑身仍附着在基岩上，周身布满开采痕迹。首先从两端开始将整块石料与基岩分离，这道工序缓慢而且耗力，需要近140个人。工人们用白云石球撞击石头，以极慢的速度敲击出均匀的花岗岩表面。这些球不会切削或撞裂岩石，只是借敲打和挤压粉碎石面。方尖碑的表面、对面

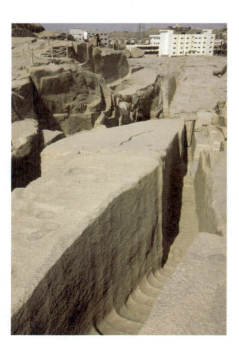

左：阿斯旺花岗岩采石场废弃的"未完成方尖碑"。挖出的石体侧面可见熔岩球留下的痕迹。（詹姆斯·哈勒尔）

右：考古文物上管状铜锯留下的痕迹。（弗林德斯·皮特里，1883年）

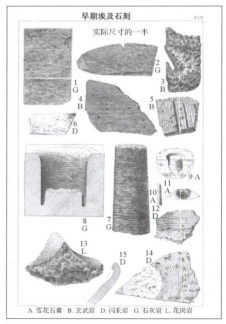

以及沟中的底面布满凹沟，表明工人的工作区域非常狭窄。这项工程异常费力。根据一项研究，每名工人分配约半平方米的面积，连续不间断敲击12小时只能敲出1.5厘米。按这个速度，方尖碑分离完要耗用11.5个月。这个估计应该很可信，因为按同一速度估算，卡纳克神庙第五座牌楼门两侧的两座哈特谢普苏特方尖碑，需耗时七个月才能分离出来，这个结果与当时的铭文相符。

以敲打为主的石材加工方法并不限于采石场。大多数送到工地的花岗石块只经过粗略打磨，还保留着石面上的突起，以方便运输过程中用绳子固定。只有被安放到指定位置后，人们才会对其进行精细打磨，并且再次使用敲击石完成最后一道工序。

某些砌石和雕像上留有非常精细的纵向切割痕迹，乍看去似乎是齿锯留下的。但问题是古王国时期古埃及人能用的铜齿工具太软，根本无法切割坚硬的石材。不过早在前王朝时期

上及左：亚历山大·索科洛夫（Antropo-genez.ru项目）、尼古拉·瓦修廷、奥列格·克鲁格利亚科夫以及瓦列里·森姆斯·安德罗索夫（ISIDA项目）在进行试验，证明管状铜锯可能曾用来给花岗岩脱芯。他们的实验产生的痕迹与在埃及发现的石瓶痕迹相似。
（瓦列里·森姆斯·安德罗索夫）

和早王朝初期，就已经出现了以各种石材制作的精美石瓶，最壮观的是存储堆积在左塞尔金字塔大走廊中的几千个精美石瓶。这些证据都说明，古王国早期的石匠确实掌握着高水平的专业知识和先进的石材加工技术。

多亏发现了几件工程完成前被遗弃的工具，石材切割方法的秘密才被解开。外部整形和抛光用的是燧石刃片和薄片。石瓶内部切割有时会留出一个圆柱形的空洞，且内表面划线很均匀。未完工的作品显示，这种空洞是由管状铜锯绕核心旋转制成的。偶尔会有核心仍附着于瓶底。这一技术由弗林德斯·皮特里详细解释，然后由实验考古学家德尼斯·斯托克斯进行了验证。斯托克斯先在一根木钻轴末端安装了一枚铜质圆柱体，再把一根弓的绳子套在轴上，用弓拉动整个工具旋转，这非常类似埃及墓葬壁画上描绘的木匠钻弓。若要加大压力，可以在轴的顶部悬挂重物，工具旋转时重物也会旋转。然而这样切割出的表面不是齿状，而是平坦的。切割时要在切割槽中添加研磨砂。圆柱形铜锯片带动石英砂在石材上移动，产生了摩擦和切割，从而使整个组件成为一把圆柱形锯。第六王朝的伊比墓中罕见地出现了使用该方法的场景，只是画中的轴并没有德尼斯·斯托克斯使用的弓。

这种方法能解释上面提到的砌石和雕像中存在的细缝。使用圆柱形或长平刃铜片混合研磨砂能产生与硬齿刃相同的效果。虽然这个过程也很耗时，但比起用敲击石切割石块速度快得多。然而铜质刀片和研磨砂只适用于从基岩上完全或部分分离、等待切割的长石块。采用这一新方法有两大优势。首先，切割比敲击损耗的材料少。其次，锯切出的材料可以在最终的建筑物上直接安放，无缝衔接。

据估计，胡夫石棺的锯削、切割和打磨需耗用约28 000工时才能完成，如果分配三名工匠，每天工作12小时，则需要将近两年。如果以团队的形式轮流上岗、昼夜不停地工作，工期能缩短到一年。这些估计是按最坚硬的石头——红色花岗岩计算的，但加工石灰石，尤其是金字塔核心所用的最软的石灰石时，完全可以采用同样的方法，甚至可能还会用有齿铜锯切割核心砌石。哈夫拉金字塔南塔面和东塔面第一层的巨大倾斜覆面石接缝非常严密，且具有明显连续的颗粒纹理。所有石头都有槽口，大到能插进撬杆。

在金字塔的另一侧的西北角底部，有切入基岩的台阶，以盛放"衬石"和现在早已剥落的"覆面石"。这些台阶的外表面都有相同的槽口。看起来在一处的基岩中切入台阶准备承接砌石，就可以把凿下的石头安在

下：伊比墓（在戴尔–格布拉威，第六王朝）壁画，描绘管状工具的使用方法。（诺曼·德·盖里斯·戴维斯，1902年）

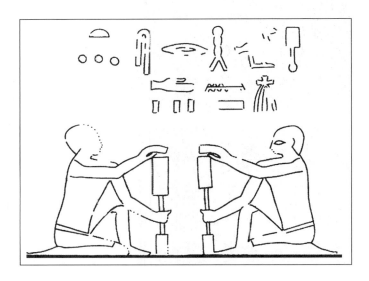

其他需要的地方当基石。

这些石头的重新安放近乎完美，充分证明它们与嵌在基岩中时所占据的位置几乎相同。这样就省去了切割和打磨接合面的工序。很可能胡夫金字塔的修建者也采用了这种方法。

给花岗岩石块整形需要花费大量的时间、人工和其他资源。然而现存的覆面石却表明，埃及人以非常合理的方式统筹工序，以最少的付出完成了最宏伟的建筑。花岗岩或玄武岩覆面石只精细打磨过接缝面或外表面。更简便、高效的办法是把要安放硬覆面石的石灰石衬石进行加工和调整，必要的话，再用砂浆和石灰石碎屑把空隙全部填满。

小型建筑材料从生产或开采地到建筑工地的运输很容易理解。小块的砖和石头可以轻松地用手提或用肩扛，或由两个工人用担架抬。古埃及私人坟墓中有许多场景都生动地描绘了这些场面。在没有行船水道的地方，可以采用埃及常规的陆上运输方法，即使用驮运动物，特别是驴子，进行长途运输。最大的问题是厘清大型石料的运输，它们通常重达几吨甚至几百吨，有些还是从很远的地方运来的。

上：哈夫拉金字塔底部砌层表明巨大的砌石是从这一侧凿出再按同一顺序用到别处的。（弗兰克·莫尼耶）
下：吉萨孟卡拉葬祭庙的建造用石。（弗兰克·莫尼耶）

水路运输

河流是运输大型石料的最高效途径，许多水路都借助了尼罗河的流势。顺流时，只需将驳船推进河中，水流就会把载着货物的驳船送到北方。逆流南上时，就要鼓起风帆，若风向与水流相反时就是满帆。虽然描绘运输场面的资料很少，但所描述的通常都是水上运输，而尼罗

河是这一系统的主要干线。河面上驶满上行（满帆）和下行（半帆）的船只，满载着图拉的细粒石灰石或来自遥远的阿斯旺采石场的红色花岗岩。

塞加拉第五王朝的乌纳斯金字塔堤道上，刻着最详细的在水上运输建筑材料的情景。画面显示的是两个带凹槽的檐口和两对棕榈形花岗岩柱，经船运到金字塔建筑群：从埃利潘蒂尼运回金字塔的花岗岩石柱和从埃利潘蒂尼为金字塔"拉神之子乌纳斯的美丽之地"运回花岗岩檐口。

吉萨第五王朝维齐耶、工程总监塞奈杰米布·印提的马斯塔巴（G 2370）中，绘有一艘载着墓主所需的石棺及其棺盖的船。随附的铭文称，墓主的儿子塞奈杰米布·麦尼获

得法老的许可，将父亲葬在一具精美的图拉石灰岩石棺中。

我恳请我主从图拉为他运回一具石棺。我主陛下派一名工程监工以及一位行政监工乘渡船过去，再在图拉用一艘大货船把这石棺运回。……运输工程一切顺利，正如当地的准备工作一样。这石棺连同其棺盖一起被运到金字塔墓葬区"胡夫的地平线"，并放进他的墓中，它经水道从图拉运来，在运输的五（或七？）天中一直稳置在它的底座上。（译自爱德华·布罗瓦尔斯基的《吉萨的马斯塔巴7》）

这幅画面极少见，它描绘了一块在尼罗河谷东岸开采的石料经内陆河

下：塞加拉乌纳斯建筑群的堤道浮雕，描绘的是将用红色花岗岩雕刻的巨大的石柱和檐口用船运到建筑群的场景。
（奥德朗·拉布鲁斯基绘，法国东方考古学会所有，弗兰克·莫尼耶摄）

道运到河谷西岸的吉萨的情景。这些画面是文中所述场面的宝贵配图，并且详细记载了古王国时期的其他罕见信息。这艘船的名字叫Isesi（"力大无穷"），被用作货船。画面上它没有张帆，而是被河流推着，船尾有两个男人在掌舵。根据相关传闻，船前的三个男人分别是十（人）监工、首席导航员和大副。船长在船尾。

2013年瓦迪-雅尔夫纸草书卷被发现，其中有监工梅勒的日记。他记录了他的团队进行过几次类似的航行，从图拉往吉萨运送覆面石。从图拉返回吉萨建筑工地的过程一定是全程最耗时的部分。根据他的记录，团队去上游的图拉收集原料仅花了一天时间，然而待他们将沉重的货物装上船队后，返程所需的时间却是原来的两倍，虽然吉萨建筑工地就在下游15千米处。

其中一块纸草碎片提到了第13次一年两次的牛群清查，据此推断，此事发生于胡夫统治末期的第26年或第27年，因此很可能该团队运输的是金字塔建筑群工程末期的覆面石。此证据表明，两地之间的运输完全依赖水路，并且可能有一个系统的水路网络，其中的河道都有名字。自古王国时期以来，河谷中尼罗河河床发生了重大变化，因此很难确定当时使用的精确路线。为什么载货返回所耗的时间是空船前往图拉的两倍？沉重的货物并不是唯一的原因，水流的推动一定也有关系。纸草书卷提到船在"胡夫湖的入口"（Ro-She-khufu）中途停留。那里是安哈夫安排设置的航运管理中心，以保证船队可以在此中途休息，安心地过夜，第二天早晨

上：监工梅勒和他的团队从图拉向吉萨运送石灰石的航程。路线根据在瓦迪-雅尔夫发现的《梅勒日记》重建。
（皮埃尔·塔莱，弗兰克·莫尼耶）

下：吉萨塞奈杰米布·印提墓壁画，内容为从图拉向吉萨运输一具石灰石棺及棺盖。（爱德华·布罗瓦尔斯基）

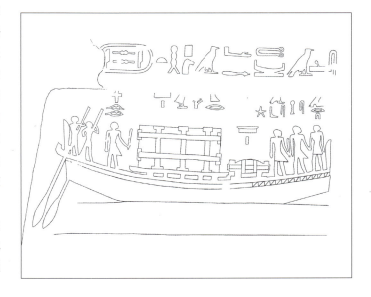

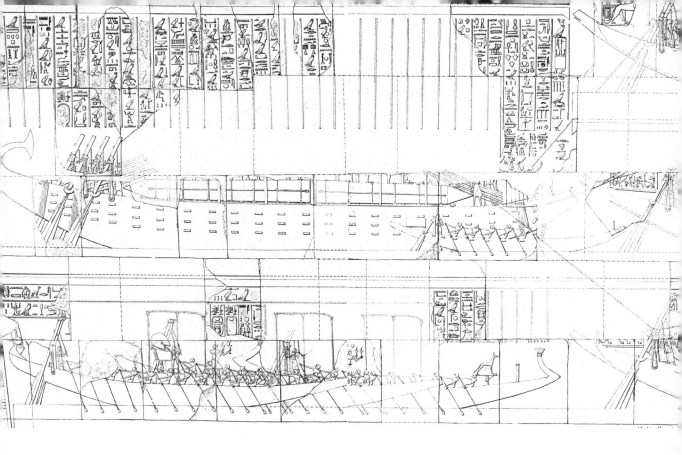

上：位于戴尔-巴哈里的哈特谢普苏特神庙（第十八王朝）的巨幅壁画，画面中描绘的是用船运送两座巨大的方尖碑。
（爱德华·纳维尔，1908年）

继续航行。

法国埃及学家皮埃尔·塔莱起初认为，这是采石场正对面8千米处的一个地方，离阿布西尔附近的河谷西岸不远。运输船可以直接向西横渡河面到达这里，第二天再向北行驶11千米到达吉萨，完成航程。不过他后来的研究结论是，这个地点可能更靠近吉萨，甚至可能就在吉萨主盆地的入口附近。驾驶载有重物的船穿越急流涌动的河面，一定要异常小心谨慎，也许这就是为什么船用了整整一天才到达"胡夫湖"。

虽然返回金字塔的超长时间难以解释，但答案可能就藏在古王国时期航线的安排中，可惜细节人们仍然未知。不过我们已经知道，第四王朝时期船只可以停泊在金字塔的河谷庙下，这意味着有河道或从河道引出的

水渠的水流到这里。无论是哪种，考虑到此处已远离干流，水流的速度很可能已减慢。如果"胡夫湖"也在河谷西侧，那么航程的中点和终点间必定有一条与干流隔离的河道。船行到最后一段甚至可能需要人力拉动。塞加拉的第五王朝普塔霍特普的马斯塔巴浮雕就描绘了此情景：载有小石庙的船只在桨手和岸上纤夫的合作下前进，上方的一条记录显示另一艘驳船仅靠纤夫拉动。

阿拜多斯第六王朝老维尼的陵墓铭文详细记录了他为从阿斯旺运送花岗岩建筑部件而建造的船只和挖掘的运河数量。船队包括三艘42米长的船，一艘长31米、宽16米的大筏，以及其他辅助船。几个世纪后的新王国时期第十八王朝，一幅浮雕记录了两座巨大的花岗岩方尖碑的运输场

景。位于戴尔巴哈里的哈特谢普苏特神庙的浮雕描绘了一队小船拖着一艘巨大的驳船。整幅画面细节丰富、规模宏大，是此类船队最生动的记录。据估计，主船的长度为80米，方尖碑高度达28米，是史上最高的方尖碑之一。另一幅新王国时期的浮雕出现在建筑师伊奈尼的墓中，描绘了为运输一对图特摩斯一世的方尖碑，建造的63米x21米的驳船。凯尔奈克神庙中保存了两座完整的方尖碑，均为20米高，重260吨，展现了当时的设计人员和造船者有能力建造坚固的木船。木船能载着这些沉重的实心石料，稳稳地浮在水面并跨越遥远的距离，而不会被它们的重量压断。另外，第十九王朝的书吏霍里所写的数学纸草书卷中，记录了阿纳斯塔西一世有一座高57.6米（110肘尺）的方尖碑。但专家无法确定如此巨大的纪念物是否真的制造过。

胡夫金字塔国王墓室用的花岗岩条石，以及他在世时建的图拉石灰石阶式梁托拱顶墓室，使用了几十块大石，每块都重50多吨。为了这些石料的运输必须建立一支专门的船队。虽然关于船的装载、下水、运行和卸货的工作流程没留下文字记录，但是许多世纪后的老普林尼说，最大的货物装载船要先装上压舱物，泊在专用水道上，待石头装好后卸下压舱物，

船身就会抬高自如地漂浮。这可能就是维尼传记中描述的流程，为了装载花岗岩建筑部件要挖多条河道。后世的新王国时期文献是唯一详细记录内陆水运砌石的资料。拉美西斯二世时期在底比斯修建了拉美西姆神殿，为了运送工程所需石料而专门建造了新船，这些船只的数量就记载在一系列陶片上，还附有许多石料的精确尺寸和描述，这样船长就能确切知道每艘驳船分配了多少块石料。每支船队约有十艘船，平均每艘船的载质量约为15吨。这套严格的货物管理措施使人想起古王国时期的祖先在物流和行政管理方面所取得的巨大成就。

陆路运输

陆上运输的难度更大。船到港卸货后，剩下到建筑工地的路程全靠工人们的体力完成。工人们先将原料装到能承载巨大负载的橇车上，再从港口和采石场沿沙石路拉过去。证据显示，牲畜也用来拉过石头。第五王朝海特佩拉赫提的马斯塔巴中有两头牛拉着一个载有内堂神龛的橇车的场面，而在另外两个同时期墓（吉萨的伊度墓以及塞加拉的尼安赫赫姆和赫努姆霍特普的马斯塔巴）中，也描绘了人与牛一起拉动装在橇车上的小祭堂的场景，后世铭文也有

下：图拉采石场（第十八王朝）石碑上画的牲畜拉橇车图。（乔治·德雷西，1911年）

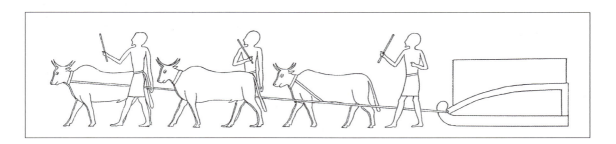

131

上：在吉萨船坑内发现的绳索，现收藏于太阳船博物馆。
（弗兰克·莫尼耶）

右：在代赫舒尔辛努塞尔特三世金字塔建筑群内发现的木质橇车，现收藏于开罗博物馆。
（弗兰克·莫尼耶）

相关记录。第十八王朝初期的纳菲尔佩雷石碑（发现于马尔萨拉的细粒石灰石采石场）上有三对瘤牛拉着装在橇车上的大石灰石砌石的场面。更晚时期的铭文常有送葬船装在牛拉动的橇车上的记载。这些不同时期的例子都说明，虽然必要时人们会用畜力来辅助人力，但是畜力所占的比例难以估算。显然，某些情况下动物的确可以帮忙，但实际占比可能比这几幅浮雕暗示的更少。

无论借助哪种生物力，将重物固定在栈板或橇车上运输似乎是铁律，而用轮车运输石块的场面则从未出现过。第四或第五王朝时期人们曾用轮子移动高耸的攻城车，但没有证据显示轮子曾用来运输建筑构件。埃及土质多为沙石，不适合大多数轮车的使用；而所载的巨石质量巨大，即使最坚固的轮轴和车轮也会因承受不住而断裂。

大多数古王国时期浮雕中装载重物的橇车前端都有圆形挡板，这是使橇车行进时能压过车前松散沙土的必需配件。圆柱、檐口、石棺、门边框和门楣、祭堂神龛甚至大石瓶都可以用这种方法搬运，而且它们始终与橇

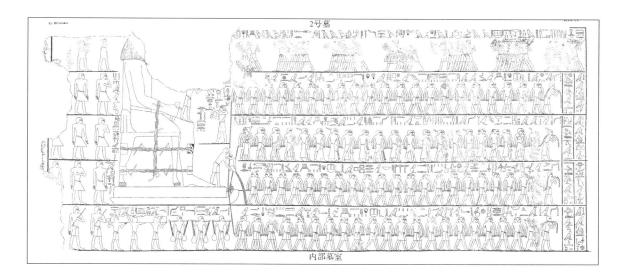

2号墓

内部墓室

车固定为一体，直到抵达最终目的地才拆开，即使以船运输也是如此。

货物与橇车整体运送，通常是由一队工人合力拖动，人数取决于要拉的荷载质量。阿纳斯塔西一世纸草书卷上有一道数学题，说明方尖碑的体积决定了搬运工人的数量。可惜的是，由于文献中没有解答，此类情形所用的相应比例仍是未知数。然而，法国古埃及学家西蒙·德尔沃根据现存文字和图画论证出，计算水平地面上搬运货物所需的工人数使用的比例为每人约350千克。在瓦迪-哈玛玛特采石场中发现的中王国时期铭文提到，大条石的拖运队有500至2 000人。

位于戴尔-博尔谢赫的第十二王朝杰胡提霍泰普墓中有一幅著名的壁画，展现了死者的巨型雕像被搬运的场面，还详细说明了橇车润滑方法的细节。另有要搬运重物的详细信息以及承担此项任务的人员分配全图。壁画配文记载，这座雕像高13肘尺（6.8米），来自哈特努布采石场，要运到当地省长（nomarch）的故乡。要把这尊约58吨的雕像送到那

里，工人们要先走从哈特努布到河谷的17千米沙漠路，再走20千米的河边路到达城市。图中工人共分四组，每组172人，两两成对排列。雕像前进时，有一个人负责向前面倒水，润滑橇车前方的轨道，另有数人专门打水，以保证稳定的水量供应。法国古埃及学家亨利·谢弗里耶在卡纳克进行的测试证明，在最佳条件下，一个人能在平坦的湿润地面上拖动一吨重的石块。按这个条件计算，图中配备的人力显然已足够完成这项任务，虽然路面的土质通常不理想。

古王国时期金字塔建筑群的条石一定也用了类似的运输系统。位于阿布西尔的第五王朝萨胡拉金字塔堤道上的浮雕虽不够详细，但旁边的配文记述了一支搬运队将金字塔方尖锥运到工地："（搬运）金字塔'萨胡拉的灵魂闪耀'的白金色方尖锥动用了两条船的全体船员"（出自塔里克·艾尔-阿瓦迪的《萨胡拉金字塔堤道》）。

遗憾的是，浮雕只保留下一部分，画有金字塔方尖锥的那部分缺失了。这意味着已知唯一描绘金字塔建

上：杰胡提霍泰普（第十二王朝）墓中的壁画，画面中一座重约58吨的雕像正被拖运。
（珀西·纽伯里和威洛比·弗雷泽，1893年）

133

上：描绘方尖锥被一队人拖运的壁画，发现于阿布西尔的萨胡拉金字塔堤道（第五王朝）。
（J·玛拉特科娃，查尔斯大学艺术学院，2018年）

造场面的浮雕缺少了核心元素。不过我们仍然可以看出巨石由16个人拉动，另有一人在向橇车前泼水，看来这一角色在此类任务中必不可少。

使用润滑剂虽有合理的工程学意义，但只能用在专门设计的滑动路面上。这种道路的存在已被证实，而且有测试表明，尼罗河谷的泥沙在湿润时能大幅度减小橇车与地面之间的摩擦。然而另一方面，在浸透水的地面上又不能移动重物，因为它会迅速陷入泥泞。因而路面既能承受负重的橇车和拖运工队，又不会被严重损坏。

人们在埃及南部边境以外、米尔吉萨（Mirgissa）堡垒附近发现了一条中王国时期的路，这条路是此类拖运道路的优秀范例。那是一条滑道，沿着它可以使船绕过尼罗河第二大瀑布的危险急流。这条滑道原有2千米长，如今已被纳赛尔湖的水淹没。对残道的研究表明，这条滑道也使用了上述技术。滑道宽不到4米，纵切面呈凹形，便于容纳船底。这些船可能是直接拖而不是装在橇车上。滑道用多根横向排列的原木加固，并嵌入泥沙中形成齐平表面。泥沙中的痕迹显示使用的是宽为1.2至1.7米的木质橇车。这些痕迹可能是跟在船后的负重橇车留下的。唯一发现的足迹是山羊的，它们应该是在最后一次使用后不久走过滑道，这说明拖运者不是踩着滑道，而是沿两侧的干地行进。测试表明，借助这些方法，滑道能支撑并运输9吨重的负载。

人们曾在中王国第十二王朝时期的遗迹中发现过多处类型相同但建在平地上的滑道，如拉罕的辛努塞尔特二世金字塔、利斯特的辛努塞尔特二世和阿蒙涅姆赫特一世金字塔；古王国时期壁画中出现了倒水人润滑路面的情景。人们在阿布西尔发现了多处古王国时期的运输滑道，如代赫舒尔红金字塔旁、塞加拉的马斯塔巴"法拉昂"（al-Fara'un）附近以及哈特努布、阿斯旺和格贝尔-阿瑟尔的采石场旁，最著名的是法尤姆北部韦丹-法拉斯玄武岩采石场延伸出的拖运道。

其他滑道更类似于坡道。在胡夫金字塔西南角附近发现的那条，可能只是当时一条大建筑运道的一段。留存下的这段长4米，宽4米，由两排平行砌石墙中间填充碎石组成。滑道的原始用途或功能我们尚不清楚，但它用作运输是毫无疑问的。虽然它发现于胡夫金字塔附近，但它的指向是第四王朝末期墓区的一座马斯塔巴（G1S）。目前，人们尚无法确定它是用于建造大金字塔还是其他陵墓。

在金字塔东南部也发现了一条类

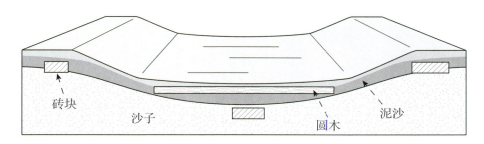

左：米尔吉萨出土的
滑道剖面图。
（弗兰克·莫尼耶）

似但更长的滑道，两侧用砂浆加固的挡土墙相距5.7米。它始于斯芬克斯以西，用于向东墓区的马斯塔巴墓运送建材。人们在碎石填充材料中发现了印有胡夫名字的黏土印章，说明它建于胡夫统治期间或此后不久。从现有证据推断，这些道路从不用切削石块或泥砖，而是由砂浆加固的碎石制成，而平行挡土墙则填充了石灰石碎屑。

对于滑道的表面处理我们几乎一无所知。这些运输道路路面狭窄，迫使工程师放弃用泥沙作表面，因为泥沙软路面极不利于拖拉，且会因踩踏而迅速受损。也许当时的人们更可能用木板制成的轨道作表面，而且潮湿的木板对橇车的阻力更小。人们在瓦迪－雅尔夫的仓库走廊中也发现了类似的胡夫时期的滑道，这些滑道铺

下：古王国时期从韦丹－法拉斯到法尤姆湖拖运玄武岩砌石的运输路遗址。
（弗兰克·莫尼耶）

有轨道，在仓库不用时把封闭砌石挪到位。

努比亚的格贝尔－阿瑟尔采石场连通着多条运输道，从其特征推断，橇车可能不是唯一的货运工具。这处片麻岩开采地如此偏远，必须修建一条65千米长的滑道直通瓦迪－托什卡（Toshka wadi）港口，将石材装上位于尼罗河的船只。人们在这些采石场发掘出几处石铺路面，两侧挡土墙高出周边地面1米多，两条不足10米的平行凹槽终止于路基，说明后者可能用于抬升石材，将其放至运输道的运输工具上。滑道显然不只用作拖运道路，不然它应该与周围地面齐平。

从这些残存遗迹可知建筑材料运输距离相当长，说明古埃及人可能已建立起原始的运输系统。这条路只是用于拖橇车吗？或者古埃及人当时已发明了某种有转轮的平台？在这一问题上，依据目前掌握的证据我们还无法得出确切结论。

建筑构件的抬升

虽然在考古证据和铭文资料的帮助下我们已弄清了水路或陆路运输方法，但是关于石料如何搬上橇车，如何装船或卸船以及如何在工地旁搬下橇车，这些信息依然缺乏，也没有对这些工作的图像和文字描述。文献记载的缺失，使得人们无法理清金字塔砌石的搬运及其抬升系统。古埃及学家的无能为力，为业余研究者打开了发挥的大门，他们创作出自己的理论，试图解开这道千古之"谜"。但这里仅列举科学合理的理论。

目前关于金字塔砌石的抬升共有三大理论：第一种是使用起重设备，第二种是使用金字塔外建起的巨大上升坡道，第三种是在金字塔内修建上行建筑坡道。还有综合其中两种或三种的混合理论。

为了确定某建筑所用的方法，研究人员通常会检查其结构细节，这种方法合理且合乎逻辑。因此在我们试图解释建筑物各部件如何抬升和安放前，应该先研究它们的安放顺序。虽然金字塔外观匀称，但绝非是简单地把石头从下到上垒起来。金字塔的结构变化很大，其建造技术与所处王朝有极大关系，换句话说就是，它处于金字塔演化的哪个阶段。第三王朝的金字塔全部由倾向核心的同心陡峭砌层组成。扎韦耶特－亚里安的层状金字塔的核心砌层不是水平的而是弯曲的。

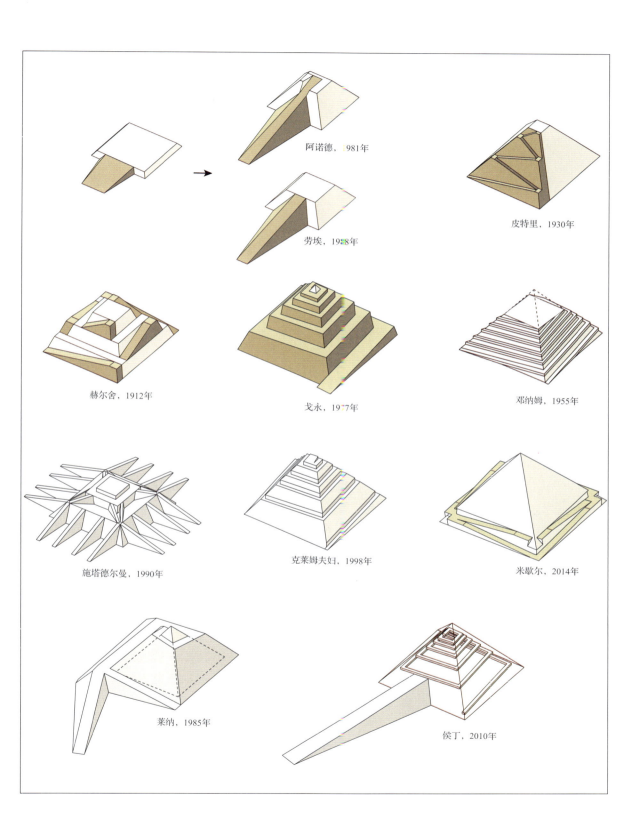

阿诺德，1981年

劳埃，1928年

皮特里，1930年

赫尔舍，1912年

戈永，1977年

邓纳姆，1955年

施塔德尔曼，1990年

克莱姆夫妇，1998年

米歇尔，2014年

莱纳，1985年

侯丁，2010年

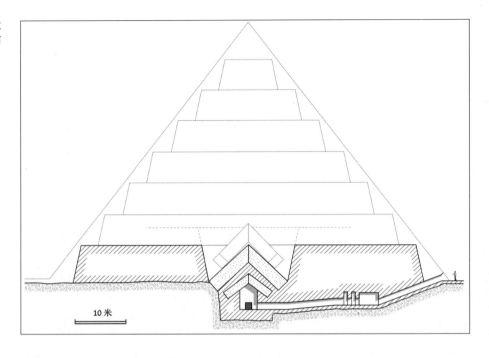

10 米

美杜姆金字塔是传统建筑方法与下一代巨型金字塔建造方法之间的过渡。第一阶段是建造一系列倾向核心的斜砌层组成的阶梯。然后依照相同的方法，加建更多台阶将其扩大，随后增加水平砌层二次调整，最终的覆面使它呈现出具有三角形面的完美金字塔形。从此以后，金字塔全部使用水平砌层修建。从后来的金字塔可以看出，埃及人虽然继续采用内部阶梯状核心结构，但其砌层全为水平。几座胡夫王后金字塔、孟卡拉王后的G3a金字塔、孟卡拉本人的金字塔，以及塞加拉和阿布西尔的第五、第六王朝的所有金字塔，都采用了这一内部结构。

代赫舒尔和吉萨的大型金字塔整体太过完整，无法看到其内部结构。然而20年纪80年代进行的微重力探测结果似乎说明，胡夫金字塔的核心也是阶梯结构。位于塞加拉

的塞汉赫特金字塔和扎韦耶特－亚里安的层状金字塔，虽然只建到高出地面几米就终止了，但它们的一些重要结构因此可见。显然，中央核心不是预先建好的，而是与倚靠它的外部砌层同时建造的。因此，整座建筑的高度同步上升。由卡尔·理查德·累普济乌斯首创并被奥古斯特·舒瓦西反复重申的观点，即金字塔是先完成中央核心再逐层向外扩建，因此与考古证据不符。所有王朝也遵循同样的建造原则。同样，第四王朝未完成的扎韦耶特－亚里安金字塔"大坑"的建造工地显示，在被放弃前，其第一砌层最外圈砌石已安放好，形成一个周长为210米（400肘尺）的正方形底面。

为什么美杜姆金字塔以后有三角形锥面的真正的金字塔内还要沿用内部阶梯结构？这个问题很难解释，只能提出一些假设。有学者认为，第

三王朝的左塞尔阶梯金字塔蕴含的象征意义，与人们通向天堂的阶梯的信仰不谋而合，而这一丧葬信仰被埃及人如此看重，以至于即使金字塔完成后已看不到内部台阶结构，也要保留它。另一方面，这一内部形式可能是某种建筑系统的产物。第四王朝的美杜姆金字塔和代赫舒尔的斯尼夫鲁金字塔，以及第五王朝阿布西尔的奈弗里弗拉金字塔的修改都表明，修建者有能力在已有阶梯结构的整个外围直接抬起并安放砌石，而不需要加建完全开放的平台作为基础。另一方面，未完成的兰尼弗雷夫王陵（最初是阶梯状金字塔，后又改为马斯塔巴），似乎说明第五王朝的金字塔是先建成阶梯状，然后覆以石料形成三角形侧面。第四王朝后期是否用了同样的方法，还是这种阶梯结构仅存在于看得见内部的金字塔？很可能相邻王朝使用的方法存在相同之处，但是建造方法的选择可能因工程规模的不同而有差异。

在扎韦耶特–亚里安未完成的金字塔"大坑"遗址上，显然底面砌层的周边砌石已安放好了，尽管整个底面并没有完成，而代赫舒尔南金字塔的卫星金字塔却没有任何内部结构的迹象。这些事例表明，古埃及人掌握着多套金字塔的建造方法，能从容应对各位法老不同的建筑要求。

为了深入了解当时人们所使用的建造方法，学者们经常引用公元前5世纪希罗多德的记载。这位古希腊历史学家记录了古埃及祭司对胡夫金字塔建造过程的描述，原文如下。

下：胡夫建筑群的三座王后金字塔露出了内部阶梯结构。
（弗兰克·莫尼耶）

139

他强迫所有埃及人为他工作。他派遣一部分人，将阿拉伯山区采石场的石头拖到尼罗河；石头用船运过河后，他组织另一部分人去卸下并拖到名为利比亚的山里。他们组成10万人的队伍，每队工作三个月。十年来，人们一直在拼命地修建拖运石头的堤道，在我看来，这项工程并不比建造金字塔容易多少，因为这条堤道长5斯塔迪昂（译者注：斯塔迪昂为古希腊长度单位，1斯塔迪昂相当于185米，此处为925米），20码宽（18米），最高处高达16码（14.4米），并且用的都是打磨过的石头并刻有浮雕。前面说的十年只是修建堤道和金字塔山底的地下墓室的时间。这些是君王为自己准备的安葬室，并从尼罗河引水环绕四周。金字塔本身建了二十年。它的底部是正方形，每边长800英尺（244米），高也一样。整个外表石材全部抛光，并且安放得严丝合缝；没有一块砌石的长度小于30英尺（9.24米）。（希罗多德《历史》第二卷第124页）

这座金字塔建得像楼梯……当它的初始形态完成后，工人用短的圆木作杆抬起剩下的石头，他们将石头从地面抬到第一层台阶上，石头抬上来后，再放到第一层的另一个杆上，杆再将它从这一层抬升到下一层。可能每层台阶上都有一架新杆，或者也许只有一架非常轻便的杆，每层轮流提升。这一点我不确定，因为两种可能性都提到了。不过可以肯定的是，金字塔的上部是先完成的，然后下面紧邻的部分再完成，最后完成的是底部和最低的部分。（希罗多德《历史》第二卷第125页）

希罗多德对建造方法保留部分不确定性，而且由于他的古希腊建筑

下：据希罗多德记载，大金字塔建造过程中使用了木杆，这一说法引发了多种解读，图中是19世纪的一种理解。（安托万·伊夫·戈盖，1820年）

希罗多德描述的建造金字塔的情景

上：雷赫米勒墓中的壁画（第十八王朝），画中显示坡道是用砖垒成的。
（普里斯·戴维尼斯，1878年）

词汇匮乏，他的描述特别难理解。显然，这其中有他自己的猜测，也有孟菲斯祭司的语焉不详，毕竟他们与胡夫时期相隔2 000年之久。他们声称整项工程需要10万工人的长期劳动，这似乎过于高估其劳动量。另外，指责胡夫为支付金字塔的费用而让自己的一个女儿当妓女的，也正是他们。因而，他们对于金字塔工程量的夸大和所用的建造方法可能会使人误解。而且即使有内部的阶梯结构，他们也没有说清其建造方法。

这些可疑的记录催生了许多猜测，并成为很多理论的基础，其中一些用到了坡道上，但大多数都是在详述假想的起重机械。由于希罗多德描述得含混不清，人们便想象出各种理念，以填补那些因缺乏证据而留下的空白。古埃及人可能设计过起重装置，但现有的法老时代文本中并没有此类装置的描述或描绘。缺乏证据就意味着，起重设备的技术细节根本无从确定，更不用说解释金字塔的整个建造过程了。

尽管如此，研究人员仍沿着这一方面继续探究。有些人受桔槔（一种农业设备，能利用杠杆原理将大量尼罗河水引入灌溉渠道中）启发，设想出起重机械。另一些人则主张用更简单的杠杆和楔子提升砌石。某些考古学家和工程师提议用滑轮、绞盘和绞支梁组成的不合时宜且复杂烦琐的系统。另一种理论是用小型摇摆撬杆来搬运和抬升木块，事实上此类设计的模型曾在新王国时期的奠基祭物中出土过，但它们的使用方法目前我们还不清楚。用这类机械抬升砌石肯定比沿直坡道拉费时间，如果台阶很高还会有危险。

不管使用哪种方法，简单计算一下即可知，若金字塔在大约26年的时间内用230万块砌石建成，按照每天工作10小时来算，则每2.7分钟就要安放一块砌石。无论哪种现有理论都难以解释这个速度。

希罗多德后几个世纪，西西里岛的历史学家狄奥多罗斯就大金字塔的建造提出了自己的观点，虽与那位著名的前辈说法相反，但更符合目前的证据。

直到今天，这些石头仍保留着其原始的摆放位置和外表。据说它们来自遥远的阿拉伯，并摆放成梯田的模

上左：未打磨的胡夫王后金字塔G1c覆面石，说明覆面石表面是从上到下打磨的。（弗兰克·莫尼耶）

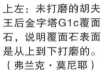

上右：王后金字塔G1c底层的覆面石，可见只有一面打磨过。（弗兰克·莫尼耶）

样，因为那时我们还没有发明机械。（出自《西西里岛的狄奥多罗斯》第一卷第二十三节）。

多数提出大坡道理论的人认为，金字塔是通过安放水平核心砌石层并在四周添加覆面石建造的。提出的坡道虽有各种形式和尺寸，但至少有大量证据支持。法老时代的考古资料中有许多证据能证明埃及人利用坡道将砌石抬升到所需高度。如果新王国时期的阿纳斯塔西一世纸草书卷的数学问题可信，那么这些坡道的尺寸惊人：坡道长382米（730肘尺），宽29米（55肘尺），共有120个部分填满了木头和芦苇的隔间，顶部高达31.5米（60肘尺）。另外，底比斯的第十八王朝雷赫米勒墓中也有对这种斜坡的描绘。

由建筑师转为古埃及学家的让-菲利普·洛埃提出了20世纪中叶最流行的坡道理论之一。德国古埃及学家路德维希·博尔夏特设想在美杜姆金字塔前方有一条坡道，法国古埃及

学家以此为基础，试图在吉萨设想一条类似但更宏大的坡道，其宽度几乎与金字塔底边相当，但随着高度的增加，坡道路面逐渐变窄。该理论虽然简单易懂，但还存在几方面的问题。最明显的是，它的建造在费工和耗材上与金字塔几乎一样。首先，为控制其体积过大，坡道路面只能修得非常陡峭，根本无法拉动几十吨重的砌石；其次，每次要把坡道升高到正在施工的砌层高度时，金字塔的施工必须中断；最后，如果当时用的是这个方法，那么金字塔的覆面石必须也要安放好、打磨了表面，且不会再进行任何调整或抛光，因为接下来坡道会覆盖很大一部分覆面石。

现在有许多完整的覆面石还留在原位。吉萨的哈夫拉金字塔顶部仍保留着大片切割精细的覆面石，代赫舒尔的弯曲金字塔也是如此。美杜姆金字塔最后阶段的覆面石残块用的也是图拉石灰石，不过显然安装得非常仓促。胡夫的几座卫星金字塔也保留着底层的覆面石，上面还有突起部分，

说明根本没完成。不过这些突起确实说明，覆面石表面的最终修整留到最后才做，并且是从上到下进行的。

看来在古王国时期，表面打磨要待砌层全部完成后才进行，所以此阶段需要保留某种临时结构，如脚手架或坡道。艾尔–辛基的小型行省金字塔当然是用正面坡道建造的，每面各有一条。但它的规模较小，无法与吉萨的庞然大物相提并论，因而无法确定一种标准方法。不过最起码，第三王朝的阶梯金字塔是有理由使用坡道的，因为在此种形态下，砌石更方便运输。

正面坡道有很多版本，但都无法摆脱原版的固有弱点。各种坡道变体包括深入金字塔核心的半内半外前坡道、"之"字形前坡道以前四个塔面都有的小型辐射坡道，这些都过于陡峭并且会干扰覆面石的最后抛光。因此，诺埃尔·F.惠勒提出了螺旋坡道

并获得了支持。它最明显的优点是，比正面坡道更节省原料。

建造螺旋坡道的第一步是将金字塔的四面全都围上砌石结构，待工程完成后再拆除。倾斜的坡道始于四个角，并以螺旋状环绕金字塔。该主张的初始版本太过狭窄，工人几乎无法行动，因此道斯·邓纳姆做了修改。乔治·戈永也提出了一种变体方案，它采用单坡道，体积更大，能够容纳大量拖运工人。戈永的大坡道无疑解决了空间不足的问题，并提供了更坚实的基础，但到达大型金字塔的顶部要走几千米。更严重的问题是，这类坡道会遮挡金字塔的塔面和侧棱，建造者几乎无法掌握最终建筑的几何形状，或无法给覆面石做最终加工。

古埃及学家马克·莱纳在20世纪80年代初对吉萨高地的地质、地貌和地形进行了全面研究，并列出一系列重要因素帮助重现墓葬区的建造

下：哈夫拉金字塔入口附近打磨过的花岗岩覆面石部分。大部分花岗岩都没有打磨过。
（弗兰克·莫尼耶）

143

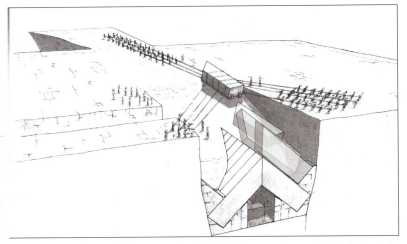

上：一队工人正在拉着屋梁滑过金字塔的打磨表面，将其安装到三角屋顶安葬室的第二层。这个方法是弗兰克·莫尼耶根据第五和第六王朝的证据提出的。安葬坑西墙上有红色赭石划下的引导线，这样巨大的条石可以从东到西准确地安放好。（弗兰克·莫尼耶）

下：多个施工队将下层屋梁拖过倾斜的主建筑沟槽放到最后位置。（弗兰克·莫尼耶）

过程。他发现，大金字塔的大部分石材来源于其南部、哈夫拉金字塔以东的采石场，并总结说，建筑材料的运输通道从采石场直指北侧的胡夫建筑工地。在综合考虑了乔治·安德鲁·赖斯纳对此地马斯塔巴发展史的描绘后，马克·莱纳最终确定了哪些墓地在大金字塔建造期间未被占用。他的研究说明，金字塔以东区域当时正建造卫星金字塔和东墓区的马斯塔巴。另一方面，在西侧，金字塔与西墓区的马斯塔巴间有一片130米宽的空地，他认为此地只能是施工占地。北侧和南侧也不受施工影响。至于堆积在高地悬崖下的碎石，里面并没有碎砌石，大多是石灰石废料。

马克·莱纳依据这些信息设想了一条长长的石头坡道，而不是砖砌坡道。它最初的走向呈直线，从南部采石场直抵金字塔的西南角，然后沿金字塔的西塔面上升，最后采用螺旋路

20世纪初，法国考古学家乔治·勒格兰的团队运输一块楣梁和移动一块方尖碑的情景。勒格兰当时主持使用原始重建方法修复凯□庙的多柱大厅。这根楣梁重42吨，而他的工人成功地搬运了一块80吨重的方尖碑残块。勒格兰以实践证明，只要方法得当，斜坡□和绳索就足以解释古埃及人如何建造了这些宏伟的超级建筑。（乔治·勒格兰）

上：一尊古王国时期的书吏雕像，现陈列于开罗博物馆。（弗兰克·莫尼耶）

发现大型坡道的蛛丝马迹。德国地质学家迪特里希和罗斯玛丽·克莱姆最早从角度考虑这个问题，他们的结论是，乔治·戈永提出的螺旋坡道肯定是被正在建造的结构外围纳入了。虽然该理论看起来很有说服力，但仍然很难解释如何保证坡道的宽度，以及如何控制它的超长长度。

过去十年流传最广的新理论由法国建筑师让–皮埃尔·侯丁提出，他坚信胡夫大金字塔是由内而外用内部螺旋坡道建造的。虽然这种理论很受欢迎，但扫描金字塔项目的探测结果似乎证明这是错的，因为他们在 μ 子扫描结果中没发现这种结构的遗存。

如此多理论的存在，说明这个问题比表面看上去复杂得多。这种复杂性源于多种建造方法的使用、大部分考古证据的破坏和遗失，以及后续可证实结果的缺失。现代科技虽然能从复原的考古资料中获得比当前更多的信息，但是目前的分析只能依据已知的证据进行。金字塔的建造方式既有历史实用性，又有技术可行性，这里的目的不是提供一种可行的方法，而是确定古埃及人实际中是如何做到的。从许多方面来说，答案仍需继续寻找。

径抵达金字塔顶部，将金字塔完全环绕起来。这种创新观点为人们对建筑场地及建筑相关问题的理解提供了新思路。一段62米的直砌石坡道与南侧和西侧的空地非常契合，剩下的似乎全是推测，与东侧的空地不太相符。东侧30米宽的环绕坡道将占据葬祭庙和船坑的位置，并且整个结构耗用的材料相当于金字塔本身，这就超过了胡夫时期所有采石场的总产量。而且它的存在也会妨碍建造者对金字塔几何形状的严格控制，而显然直到现在金字塔的外形也没有任何瑕疵。

除了大型环绕坡道带来的各种问题，坡道的倾角也要考虑。对于人数众多的拖运队伍来说，将数吨重的石头拖上这么长的倾斜坡道是极其危险的。

这些理论的最后一个方面的挑战是，坡道用完后如何清理。如果确实用过坡道，那么清理工作实在做得太好，找遍古王国时期所有遗迹竟没

数学

古埃及人创造的实用建筑和运输方法是重大进步，但它们依靠的是知识、信息和技术系统这些本质上抽象的东西。有了这些系统，他们能够测量、计算、交流、制订计划并在管理人员之间共享，即使他们身在不同的地方身处不同的历史时期。

这些系统可以被称为信息技术。古埃及的书吏发明了几种此类新颖巧妙的系统，其中一些至今仍在使用，包括基数十进制系统以及用墨水在纸（最早是纸莎草纸）上书写。我们对这些方法太过习以为常，以至于认为它们是自然存在的，但实际上这些基础系统都是古埃及书吏发明出来的。

大多数系统的出现，是为了解决日常生活中的特定实用问题，最主要的是农业生产和剩余粮食的分配问题。后来，它们被略加调整后用来建造法老的超大建筑。已知最早的象形文字出现于公元前3 300年左右，来自阿拜多斯的法老墓葬区。刻在象牙上的印记和压印的印章使书吏可以对物品命名和分类，并标明每件物品的所有权。待纸莎草纸发明后，他们就能用多行多列的大表格记录包括奢侈品在内的农产品和材料的库存。当时创造的一年为365天的历法使人们能根据季节变化进行农业生产。在吉萨，书写和历法帮他们对巨型工程分段规划，保证重要的农事不受干扰。算术最早用来帮助计算人们拥有的动物数量，这些知识至关重要，因为牲畜能提供人类生存所需的营养。牛的清查成为一年两次的大事。在吉萨，每天下定和运到的砌石数量也同样被仔细清点和记录。

已知最早的标准化线性测量系统由古埃及人发明，名叫肘尺。它最初用于测量从田地大小到尼罗河水深度的一切事物，后来被用来确定要开采和切割的石块尺寸，又用于确定建筑物规模。首个全国通用的测量系统从此诞生。每年洪水的水位以肘尺、掌和指精确测量，并按法老纪年逐年记

录。第五王朝末期的巴勒莫石碑年表上的水位信息非常重要，因为行政人员可根据它估算当年的粮食收成并相应地对每块田地征税。

几何能帮助古埃及人计算待征税的土地的面积，并测量生产的粮食的体积和圆柱粮仓中储存的谷物量，然后通过计算对剩余谷物进行重新分配，以养活工人或给管理人员发薪。在水位降低、粮食歉收的年月，对这种剩余物资的管理尤为重要。

在吉萨，肘尺线性测量系统被用来精确测量要切割的砌石大小、要建造的建筑物高度以及要规划的平面尺寸。借助统一的测量系统，石匠可以在距离吉萨数天路程的阿斯旺和韦丹–法拉斯等偏远采石场作业，但切割出的砌石的尺寸与最终目的地所需的尺寸完全匹配。砌石到达工地时，利用肘尺、水平线和铅垂线做出的几何形状，使修建者能准确地找准覆面石的倾角、安放砌石的位置，以

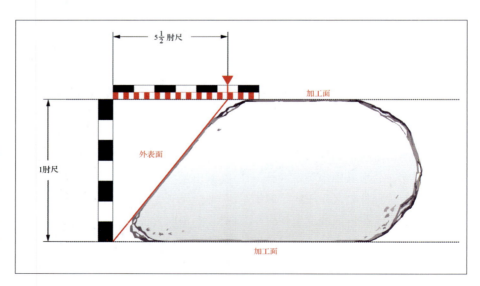

及估算每日送到现场的石头体积。

遗憾的是，幸存的古王国时期文献中含有的技术信息极少。数学文献不像宗教文本或陵墓传记那样受重视，会刻在石头上或画在墓墙上。大多数几何计算过程只是记录在纸莎草纸上，这是一种易腐烂的材料，有水分时会迅速降解。此方面的大多数知识都是来自中王国时期末期的手稿，如莱因德数学纸草书卷和莫斯科数学纸草书卷，它们都有与计算或日常生活密切相关的几何问题，解答如何分配食物或细分田地。尽管它们诞生于吉萨大部分建筑完成后很久，但有些问题说明了如何用称为塞特的系统来计算金字塔塔面的倾角，该系统的起源可以追溯到第四王朝时期。莱因德数学纸草书卷的第56题是研究最多的问题之一，它演示了如何确定高131米（250肘尺）、底边长188.5米（360肘尺）金字塔的塞特。

计算底边长360肘尺、内高250肘尺金字塔的塞特。先计算360的$\frac{1}{2}$，得180。然后用180除以250，得$\frac{1}{2}+\frac{1}{5}+\frac{1}{50}$（单位为肘尺），1肘尺等于7掌，然后，将其乘以7。它的塞特是：$5\frac{1}{25}$掌。

换成现代术语，这个塞特相当于用度、分表示的54°15′角的斜率。

倾角与此题中的值相近的唯一的金字塔是弯曲金字塔的下部结构。如果全部完成，则其每边362肘尺的底面上将矗立着260肘尺高的上层建筑，该高度将接近莎草文献的描述。然而，建造到一半时，它的倾角急剧减小，因而没能达到这个高度。尽管如此，其下部结构的塔面倾角仍有54°30′至55°，与第56题的计算结果相近。

莱因德数学纸草书卷中的例题说明，要确定金字塔的大小和形状，建筑师应先为金字塔选定所需的底边和

$5\frac{1}{2}$肘尺

加工面

外表面

1肘尺

加工面

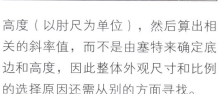

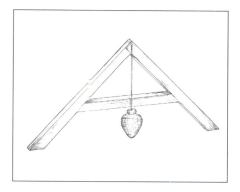

高度（以肘尺为单位），然后算出相关的斜率值，而不是由塞特来确定底边和高度，因此整体外观尺寸和比例的选择原因还需从别的方面寻找。

虽然保留下来的古王国时期资料中的技术信息极少，但我们可以从古迹中直接获取施工中所用的建筑原理和几何方法数据。有大量著述讲解了金字塔的几何特性。人们经常在胡夫大金字塔的结构中发现新的几何关系，其中讨论最多的就是黄金比例和圆周率。

学者们对古埃及人的真正设计意图没有取得一致结论。他们是否有意按这些比例设计了大金字塔，或者发现的这些关系只是所选尺寸的无意结果？

19世纪，对大金字塔的外部尺寸较为精准地测量完后，英国学者如皮特里、史密斯、阿格纽和泰勒都发现，大金字塔侧面的精确倾角，恰好使建筑物的比例满足圆的半径和周长的关系。发现的几何关系如下：以金字塔的高为半径形成的圆，其周长恰好等于地面上金字塔的底边周长。这一关系仅适用于具有精确倾角的金字塔，即大金字塔和美杜姆金字塔的倾角。美杜姆金字塔完成于斯尼夫鲁统治末期，不久后胡夫就在吉萨开始兴建他的大金字塔。根据皮特里的测量，胡夫金字塔完好时其

底边长为1 760肘尺，高度约为280肘尺，即侧面塞特为$5\frac{1}{2}$掌，倾角为51°40′。皮特里在国王墓室的设计中发现了相同的比例：北墙和南墙长度之和是由墓室宽度10肘尺为半径形成的圆周长。

皮特里总结道，这些圆周率的使用是有意为之。许多古埃及学家和考古学家也得出了相似结论。在这些学者看来，一个拥有七进制基本测量单位的文化，完全有理由发现这种关系，即直径7掌的圆有22掌长的圆周，并把这一近似关系精确地应用在建筑设计中。

然而，其他古埃及学者和研究人员对古埃及人使用圆周率表示怀疑。

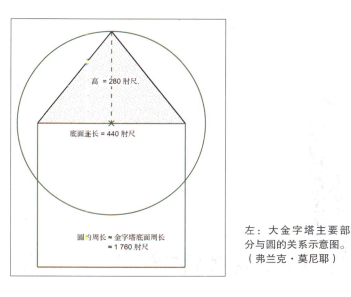

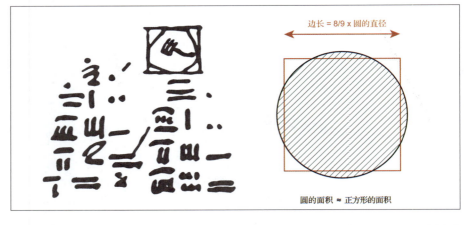

右：莱因德数学纸草书卷第50题，讲解了计算圆面积的方法。（弗兰克·莫尼耶）

边长 = 8/9 x 圆的直径

圆的面积 ≈ 正方形的面积

这些研究人员将圆周率从当时的数学知识中排除的主要论据之一就是，在已知的纸草书卷和陶片中圆周率从未被用于圆形面积的计算，并且书吏明显有另一种计算该问题的实用方法。例如，莱因德数学纸草卷的第50题就说，一个圆的面积等于或接近其以九分之八直径为边长的正方形的面积。作为比例，若要使该算法得出的结果与常规算法相同，那么所用的圆周率的近似值为3.16。

至于其他研究人员提出的黄金分割也纳入了设计中，显然该提议应被否决。黄金分割对专注功能性系统的古埃及人没有实用价值，而且当时的古希腊人也不知道，它是在文艺复兴时期才被认定为极具美感的比例，因此它在古埃及或古希腊的讨论中没有地位。

无论采用哪种计算方法，大金字塔塔面及其所有覆面石的斜率均等于 $5\frac{1}{2}$ 掌，但其他大多数可测量的斜率（如竖井和通道）似乎也是采用整或半塞特来确定的。这说明即使没有同时期文本明确指明，但吉萨建筑群的确使用了塞特比例。

事实上，古王国时期唯一与金字塔建筑群相关的同时期数学文献是在石灰石片上勾勒出的几何图形，该几何图形发现于左塞尔阶梯金字塔建筑群北部临时建筑的边缘。石片用赭红色线条勾勒出弧形曲线，并有间隔均匀的肋拱，肋拱旁写有以肘尺、掌和指为单位的尺寸。这些尺寸已经预先算好，但具体算法仍然是个谜。这些写在石灰石片上的结果是给工人和石匠看的，这样他们就能建造起具有预期轮廓的拱顶或拱形装饰。

天文学

更 抽象的是古埃及人应用到金字塔中的天文知识。天文学

下：绘有赭红色图形的石灰石片，标出了一个拱门或拱顶的尺寸（塞加拉，第三王朝）。（阿兰·吉耶）

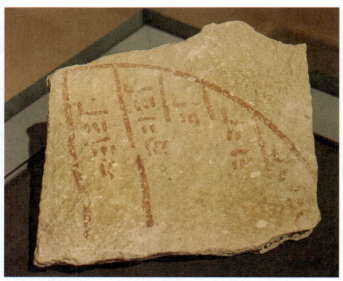

概念的文献证据主要来自后期资料，如古王国时期后期的金字塔文或第二中间期之后的文本。由于第四王朝时期葬礼文不刻在金字塔墙壁上，人们也没有发现详细的平面图，因此所有解释基本上都是假设。但是，金字塔文中提到的两个主要星辰或星群叫作索普代特（Sopdet）和萨赫（Sah）。索普代特指的是天空中最亮的恒星，现名为天狼星（Sirius），属于大犬座（Canis Major）；萨赫如今叫作猎户座（Orion）或猎户座的腰带。这些星星或星群在古王国时期金字塔文和中王国时期棺文表达的丧葬信仰中占据核心地位，而且在古埃及人看来，它们代表周游夜空的神祇伊西斯和俄塞里斯神。

比利时–埃及研究员罗伯特·博瓦尔提出的"猎户座理论"如今家喻户晓，按照这一理论，吉萨三座大金字塔的排布，意在代表天上的猎户座腰带上的三颗星。该理论又催生出更大的假设，试图将所有金字塔纳入一个宏大规划，将部分星空复制到地面上来。尽管猎户座理论确实包含不可否认的事实，但与目前掌握的宏观证据不太相符。该理论还发展出一个复杂的长远计划，需要很多代人才能实现，这种观点几乎没有事实根据。每位法老的金字塔都是在各自生前按照自己的意愿建造的。只有孟卡拉的投机式选择才能使此计划取得预期结果，至少在最终阶段是这样的。

显然，金字塔的设计通常从内到外都经历过多次更改，而且位置也不是在上一位法老在位时预先选定的。事实上，没有哪个规划不是在法老自己的统治时期内做出的。胡夫的继任

法老杰德夫拉放弃吉萨，到北边几千米处建造了自己的建筑群；而他的继任者又选择了南边的扎韦耶特–亚里安；后任法老哈夫拉回到了吉萨；最后才由孟卡拉建起第三座金字塔，完成了吉萨金字塔群。因此，吉萨的最终外观全是由于最后这位君主和他的建筑师决定的。虽然法老的王陵建筑群选址和布局肯定要顾及已有建筑，但这个选择会受很多非天文意象因素的影响，包括可用地面的限制。

更多理论相继提出，解释这一位置问题，其中包括汉斯·格迪克提出的对角线指向赫利奥波利斯论。他认为，吉萨金字塔和赫利奥波利斯遗址

上：猎户座腰带上的三颗星，看起来与吉萨建筑群的平面布局有些相似。
（维基百科）

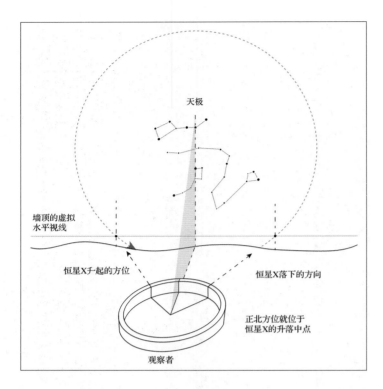

天极

墙顶的虚拟
水平视线

恒星X升起的方位

恒星X落下的方向

正北方位就位于
恒星X的升落中点

观察者

上：I.E.S.爱德华兹发明的确定正北的方法，该方法利用了拱极星和一道有水平面的圆周墙。
（弗兰克·莫尼耶）

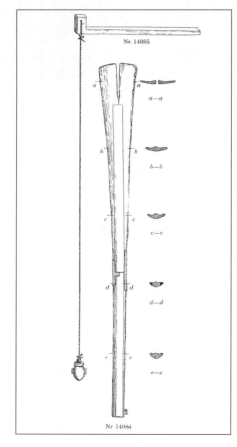

Nr. 14085

Nr 14084

右："麦开特"或暑针，可凭视线检查铅垂对齐情况，包括星辰位置。
（路德维希·博尔夏特，1899年）

之间的联系，是在强调源于赫城的太阳崇拜在第四王朝时逐渐势大。米罗斯拉夫·维尔纳证实胡夫金字塔和哈夫拉金字塔的确在线上，但孟卡拉金字塔的西南角实际上偏离了这条线约10米，因而这一研究方向也不通。

指向赫利奥波利斯论已扩展到其他金字塔，包括孟菲斯墓葬群，尤其是阿布西尔的金字塔，它们似乎也指向赫利奥波利斯。似乎研究人员为给自己辩护不得不调整其理论，可惜这些扩展理论仍然缺乏文献支持，因而很难确定这种指向是有意的设计还是无关的巧合。

但毫无疑问，金字塔的结构设计与头顶的天空的确存在观念联系，对此已在第1章中讨论过。最显著的建筑表现是，在古王国时期，通往金字塔内部主结构的下行通道都指向北半球的极周区域。学者们一致同意这部分天空对古埃及人有重要的宗教意义，他们将那里的一个牛腿形星座称为麦斯赫提乌。绕北天极旋转的恒星被称为"不朽之星"，虽然白天看不见，但它们从不会落到地平线以下。古埃及人认为法老的灵魂会在死后加入不朽之星。

天空静寂，索普代特活着［闪耀］，因为乌纳斯就是活着的［星辰］，是索提斯［天狼星］的儿子。为了他，这两位九柱神将自己净化为麦斯赫提乌——不朽之星。天上乌纳斯的官殿不消失。地上乌纳斯的王座不毁灭。（金字塔文，302节，458句）

［译者注：九柱神是在太阳神崇拜中心赫利奥波利斯受到崇拜的九位神祇，也是古埃及神话中最重要的九位主神，他们分别是：拉（太阳神，古

埃及主神）、舒（风和空气之神）、泰芙努特（雨神）、盖布（大地之神）、努特（天空女神）、俄塞里斯（冥王和农业之神）、伊西斯（生命、魔法、婚姻和家庭女神）、赛特（沙漠和风暴之神）、奈芙蒂斯（房屋和死者的守护神）。

后世文献中记载的大型建筑物的传统奠基仪式，就是将建筑物平面规划的轴线与天空中的星辰对齐，以此确定其基本方位。这一仪式叫作"拉绳"仪式，其操作可能与金字塔平面方位的确定以及对齐四个基本方位的程序有密切关系。第四王朝的方位确定水准极高，而胡夫金字塔就是其巅峰代表，整座建筑与正北方位的偏差仅为3′54″（不到十五分之一度）。

可惜对于这一非凡成就的实现方法，埃及人几乎没有留下信息。不过有几种天文学方法可能是他们用过的。右枢星虽是古王国时期最靠近天极的恒星，但以它的偏离程度，不可能是如此高精准方位的参照目标。北极星（北极星或小熊座α星）在古王国时期初期的位置与现在并不一样，这是因为存在"分点进动"：恒星会随着自转轴的摇摆而略微漂移。实际上，北天极是天空中一个无形的点，距右枢星（天龙座α星）约2°。尽管如此，研究方位的研究人员已经构想出几种可行方法，可以借助裸眼观测来准确确定正北方向。

当时人们对拱极星的位置进行了仔细的夜间观测。古埃及学家I.E.S.爱德华兹认为，当时的古埃及人会观测绕天极旋转的右枢星或者附近其他不朽之星的升落，并标出两条恒星升落的对照线，然后在上面建一座水平

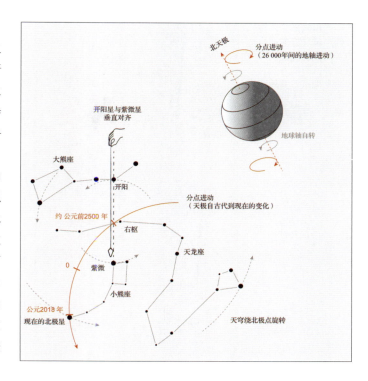

墙，平分形成的角度，他们就能确定正北方向，即角平分线。若要精确使用该方法，需要一条人为的天际线。爱德华兹认为他们用的是一道圆形且完全水平的墙壁，整道墙的顶部都与观察者等距。

不久前，英国古埃及学者凯特·斯彭斯提出，从第四王朝初期到第五王朝初期金字塔方位的精度不断提高，这表明建筑师从一开始就在夜空中选定了一个参考点。由于几十年来的分点进动积累，参考点先是接近天极，因而精度提高；接下来参考点偏到另一侧，偏差又开始增大。斯彭斯认为，当时测量者会悬挂一条铅垂线，当开阳星（北斗六）和紫微星（北极二）位于一条垂线时最接近天极。基于先前的观察，他们将这个方法当成一种定例，并认为它永远指向正北方向，这个方法现在叫同步中天

上：凯特·斯彭斯的同步中天法用于确定正北，但可能因为分点进动而被弃用。（弗兰克·莫尼耶）

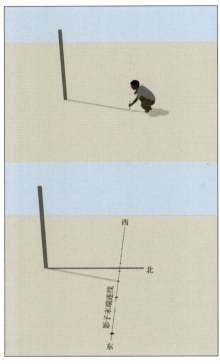

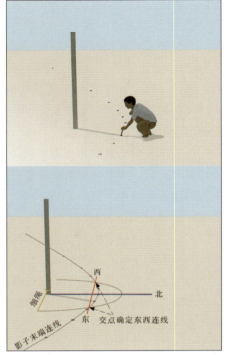

右：利用太阳全天运行确定正北方向的两种可能方法。左图表示春分日用的方法，右图是夏至日前后用的方法。
（格伦·达什）

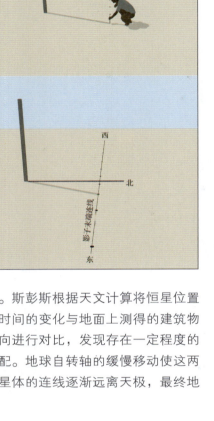

下：金字塔两条主轴线与基本方位的微小偏差图示。
（格伦·达什）

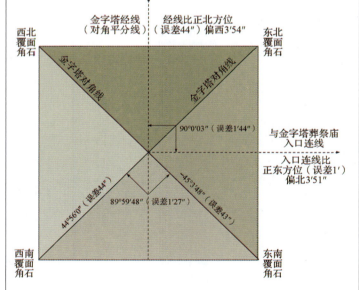

法。斯彭斯根据天文计算将恒星位置随时间的变化与地面上测得的建筑物方向进行对比，发现存在一定程度的匹配。地球自转轴的缓慢移动使这两颗星体的连线逐渐远离天极，最终地面上越来越大的误差幅度变得显而易见。于是这些参照物被弃用。

金字塔学者马拉焦利奥和里纳尔迪认为，北方可能是通过追踪旗杆在日出日落时在完全水平的平面上的投影来确定的。两道影子末端连线的中点与旗杆底的连线，就指向正北方向。

美国科学家格伦·达什研究出一种类似的太阳定向法，并能够产生高精度的实验结果。标记出旗杆全天的阴影末端点，将这些点连起来就能形成一条曲线。然后，以旗杆为中心在地面上画一道足够大的圆弧，得到圆弧与曲线的两个交点。这两点与旗杆的底端形成一个等边三角形。以旗杆底端为顶点画一条等边三角形中线，这条线就指向正北方向。古埃及人掌握或使用了哪种方法我们不知道，不过可以肯定的是，他们的天文定向方法的结果非常精准。

工程学

除了确定大金字塔的方向外，建筑工作的准备阶段还包括设置四个侧边、确定四角的直角以及根据水平面为其建筑底面找平。设置铺面和底层平面的范围是一项艰巨的任务。金字塔周围的铺面近1千米长，但即使如此巨大的规模，埃及测量师也能够表现出其一丝不苟的态度，因为大金字塔的四角平均角度与完美直角的误差不到十五分之一度，整个底面的落差仅为2.1厘米。

底边周围的铺面可能是借助放在建筑物四角的绝对水平的参照物"水平板"进行对照线推测找平的。这些板都已在现场借助"A"形铅垂架调至水平。对照其他板将板面抬高或降低，能使它们的平面一致。确定了统一平面后，就把下面的石质土削平或垫高，最终在底面周围形成几乎完美的水平表面。

四角的确定和调整一定也使用了类似的程序。拐角可能借助对照线瞄准沿底面四周一个接一个连起来，直到最后一条对照线回到起始角。这样，任何错误都会使偏差变得很明显，然后就可进行调整。该过程可能重复进行，最终结果的精度得到提高。由于金字塔中心下方存在基岩突起，因此无法用对角对照线来检验金字塔的垂直度，测量师只能依赖底面四周来确定平面设置，然后开始核心结构的建造。也可能是通过在四周挖出或建造连续水道系统来确定水平面，然而，虽然有功能性水位测量系统的记载，但我们尚未发现任何实际证据。

在胡夫金字塔和哈夫拉金字塔周围的铺面上人们发现许多间距3至5米的圆孔和方孔。它们可能是用来设置底边的。但乔治·戈永认为，它们可能是用来确定垂直线的，方法为钉入两个桩，确保它们与侧边构成一条直线，然后在每个桩上系一条绳索，依次用绳绕桩在地面上画两条圆弧，将圆弧的两个交点连起来，就得到一条垂直于底边的直线，该直线可以向任一方向延伸。这可能是底面直角的确定方法，或者给侧边要安装覆面石的位置确定垂直线的方法。

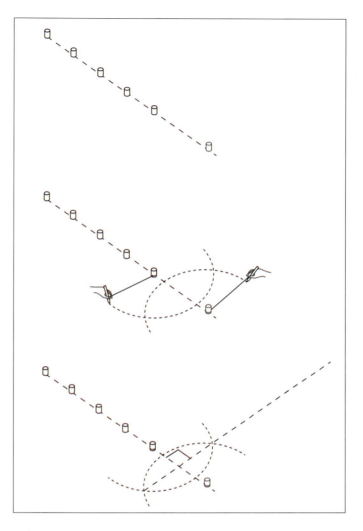

上：利用绀绳在插在基岩上的短杆间画出垂直线的方法，能得到精准度较高的90°角。
（弗兰克·莫尼耶）

上：大金字塔附近基岩上的洞。
（弗兰克·莫尼耶）

下：用坚固石头结构保护开放空间的三种不同方法。根据不同结构的不同功能，应力向空间外传导的效果也不一样。（弗兰克·莫尼耶）

古埃及人表现出了卓越的建筑能力，能综合不同材料的强度使其产生最佳的结构稳定性。对幸存古迹的考古分析表明，古代建筑师从非常新颖的角度解决了技术问题。他们创造的技术及其取得的建筑成就令人钦佩，尤其是考虑到他们所用工具的原始以及理论知识的缺乏。

建筑师巧用非常务实的方案来应对法老提出的各种挑战。他们优先打造关键建筑构件，精心设计和制造完成后再运输到现场，如支撑核心砌石的拱顶梁。他们也预先对系统进行了测试，如在大金字塔东部建造的所谓"试验通道"的结构。当古埃及人决定建造空前高度的建筑时，他们必须从头创造全新建筑的理念。

左塞尔金字塔是分多步建造的，但每个砌层都向着结构中心倾斜，而不以水平层铺设。外层扶壁墙紧贴核心，支撑起整个结构。砌层产生的压力因而全部传到结构核心，防止碎片向外部滑动。组成结构的砌石是正方

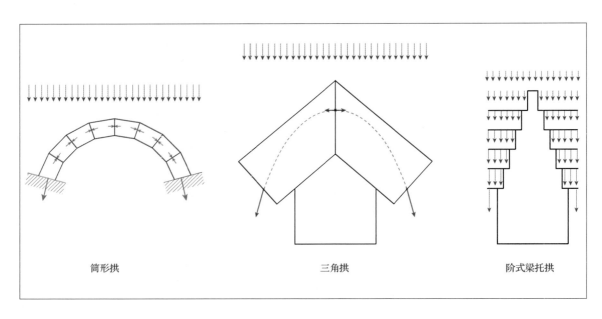

筒形拱　　　　　三角拱　　　　　阶式梁托拱

形的，但是它们的安放层面并不总是完美。后来，当修建者决定将石材水平排布时，就必须水平铺设砌层，以建造尽可能稳定的结构。这是预防局部下陷或砌体结构塌陷的必要手段。美杜姆金字塔很好地展示了这两种结构的质量差异：内部结构的倾斜砌层中，水平层之间有很大位移；而外部的水平层则仅有8.3厘米的落差。

通过对金字塔的仔细研究人们发现，修建者并不过度担心在施工过程中出现的裂缝。例如，覆盖走廊的楣石上的裂缝显然没有使古埃及人放弃它们。虽然代赫舒尔弯曲金字塔在施工中期就出现了大面积砌石位移，但他们还是完成了弯曲金字塔的建造。如此看来，他们能够评估各结构的问题严重性，并根据具体情况采取适当的补救方案。

最成功的创新之一是根据结构强度选择建筑材料。例如，选择保护法老墓室的材料时，胡夫金字塔的建

左：塞加拉金字塔内的石灰石和花岗岩材质水平通道。（弗兰克·莫尼耶）

筑师显然更钟爱红色阿斯旺花岗岩，而不是图拉的细粒石灰石。这种根据可用材料的物理特性来设计结构的做法，似乎说明古埃及的建筑师持有科学心态，而这一思维直到罗马时代甚至文艺复兴时期才再次出现。

下：一座完整的古王国时期金字塔，安葬室有三层三角屋顶以及三道滑动花岗岩吊闸保护死者。走廊用的都是图拉石灰岩方石。（弗兰克·莫尼耶）

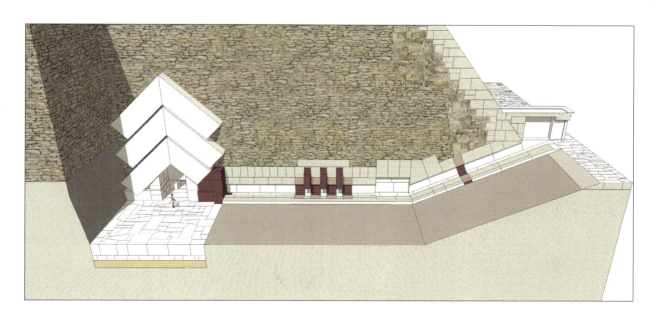

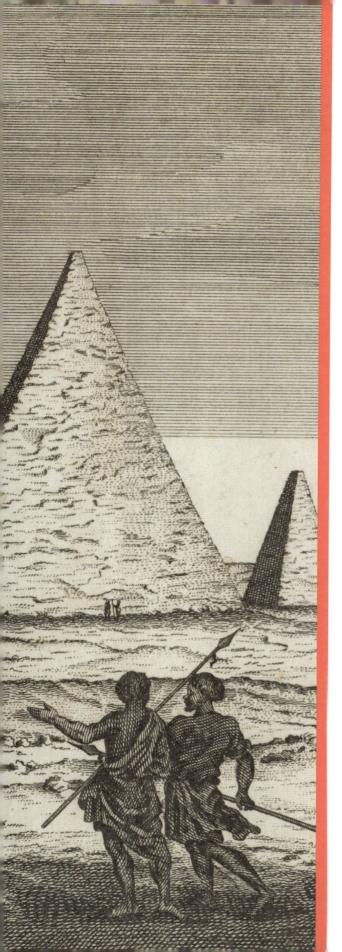

第4章
探索大金字塔

　　自人类有历史记录以来，大金字塔就一直屹立在吉萨。几千年来，无数学者、考古学家、古埃及学家、科学家以及业余爱好者都对其进行了研究和探索，许多人甚至将自己在那里的发现记录下来传给子孙。吉萨高地时常吸引顶尖专家带着当时最先进的仪器前来。对大金字塔的研究几乎与它的建造过程一样令人欲罢不能。

左：从文艺复兴时期旅行者眼中看到的古萨大金字塔。（科尼–利厄斯德布鲁恩，17世纪）

上：已知最早的大金字塔形象，刻在新王国时期的蒙图赫石碑上。
（弗兰克·莫尼耶）

息。学者们第一次意识到这片建筑群的真正范围。考古人员发掘出一大片马斯塔巴墓葬区，一直延伸到沙漠西侧，这是一处真正的死者之城。古代辅助建筑的遗迹也首次被发现。

自20世纪60年代以来，大金字塔已成为一处高科技实验场，各科技领域的专家们带着当时最先进的技术纷纷前来，想要窥探金字塔的秘密并找出其中隐藏的密室。如今，大金字塔身处科学、媒体的焦点，围绕它的新理论层出不穷，然而它的各种未解之谜依然令全世界深深着迷。

最早的考古学家

已知最早的大金字塔形象出现在法老时代的新王国时期。在一块献给名为蒙图赫的人的石碑上，有这座建筑物的第一幅形象。画中大狮身人面像身后的背景中，大金字塔与哈夫拉金字塔并排而立。然而从史料价值来看，它没有提供任何大金字塔当时的状况信息，人们也不清楚当时它是否能够进入。

不过很显然，当时吉萨的建筑已被黄沙掩盖了。另一条新王国时期的信息来自梦之碑，据碑上记载，年轻的图特摩斯四世清理掉沙子，恢复了大狮身人面像昔日的威严。同一块石碑还记载，该清理工作是由于法老做了一个梦才进行的。沙子清完后，人们就在狮身人面像的两爪之间竖起了梦之碑，以纪念此次善行，这块碑至今还在。根据碑上的铭文以及埃及其他地方的法老列表，显然当时人们仍清楚埋在吉萨的法老的名字，但狮身人面像代表的法老身份（如果它确实

世界各地都有关于吉萨的游记以及对大金字塔的记述，其中一些是亲身游历过大金字塔的古代旅行者写的，远的甚至可以追溯到古埃及时代。希腊和罗马人也留下了见闻和记录，其中有些内容较为宽泛。古代到中世纪这段时期留下的信息较少，并且大多数都源于故事或传说，不过也有一些文献含有不同时期古迹状态的宝贵资料。

到17世纪，一些国家开始有组织地对大金字塔及其周围地区进行探索。爱冒险的欧洲人会将他们的游学旅行扩展到开罗，旅行者也开始详细记录自己的旅行见闻。有些欧洲早期探险家们首次对大金字塔进行了详细测量。

1798年拿破仑·波拿巴远征埃及途中组织的调查开启了真正的科学考察时代。随后进行的各种考古项目贯穿整个19世纪并一直延续到20世纪这些项目为全球读者带来了大金字塔的准确信

代表了某位法老）早已被遗忘了。

第十九王朝时，凯姆瓦塞特王子，著名的拉美西斯二世之子，也修复过孟菲斯墓葬区的许多古王国时期的陵墓，其中很多从中王国时期开始就拆作建材，早已成为废墟。中王国时期法老阿蒙涅姆赫特一世和辛努塞尔特一世将胡夫和哈夫拉金字塔的石头构件拆下来用到自己的金字塔上，想借此获得古金字塔的象征力量。凯姆瓦塞特通常被认为是史上第一位考古学家，他在许多陵墓上都留下了纪念修复工作的铭文。下列铭文就刻在塞加拉古王国时期乌纳斯金字塔的一个塔面上。

陛下已委派工匠的首席总监、殡葬祭司凯姆瓦塞特王子重刻上下埃及之王乌纳斯的名字，因为他的名字在其金字塔表面上已看不到。殡葬祭司凯姆瓦塞特王子想恢复上下埃及法老的王陵，因为它们的遭遇，也因为它们的力量已遭毁坏。他下达了一条法令要向他的神位供奉。

〔译者注：殡葬祭司（sem priest）即高级祭司，拥有"神的第一先知"（the First Prophet of the God）的头衔。高级祭司经常由智慧的长者出任。他不但要向法老提供决策建议，而且是所辖神庙的政治领导，同时他也主持占卜仪式与其他典礼。除了享有相当的宗教地位，高级祭司还常被法老选为顾问。〕

上：拉美西斯二世的儿子凯姆瓦塞特修复了许多古建筑，并在塞加拉的乌纳斯金字塔上铭刻纪念自己的事迹。
（弗兰克·莫尼耶）

下：吉萨孟卡拉金字塔入口附近的一段铭文，讲述赛斯时期的古埃及人在吉萨进行修复工作。
（弗兰克·莫尼耶）

目前没有证据证明他也修复过吉萨墓葬群。据希罗多德记述，吉萨金字塔表面刻有象形文字，但它们可能是参观者留下的涂鸦，或者后世修复者刻的。所有证据表明，金字塔初建成时没有任何外部铭文。赛斯时期（约公元前660年—公元前530年）的古埃及人在金字塔上留下了许多翻修工程的痕迹，尤其是塞加拉阶梯金字塔。他们复制并重做了那里的古代艺术风格，甚至将建筑群改为自己的陵墓。同样，在吉萨孟卡拉金字塔入口附近的花岗岩砌石上刻有赛斯时期的铭文，证明当时进行过修复。他们没有理由会落下大金字塔及其附属建筑。

到王朝时期末期，吉萨建筑群的建造细节早已失传，但胡夫是一位暴君的口头传说没有断。希罗多德在公元前450年左右撰写的《历史》中提到了关于这位君主的传说以及当时的建造方法，但他本人似乎没有亲自进入过金字塔或了解可靠的内部细节。他只是简略地记载法老被安放在地下墓室的小岛上，四周围绕着引进的尼罗河水（希罗多德《历史》第二卷，124页）。这个故事是已知对于金字塔内部空间的最早"描述"。这位希腊游客还专门花篇幅描述过通向金字塔的堤道，显然堤道当时仍完好无损，还保留着铭文。他写道，它是如此恢宏巨大，其工程量一定不亚于金字塔本身。

四个世纪后的希腊地理学家斯特拉博记载了金字塔内只有一条通道。

向城外走四十斯塔迪昂（一种希腊计量单位，1斯塔迪昂相当于185～192米），就来到一处类似山脊的地方，上面屹立着许多金字塔，也就是王陵，其中三座格外引人注目，有两座甚至被列为"世界七大奇迹"，因为它们有1斯塔迪昂高，形状为四角形，底边略小于高。其中一个比另一个稍大一点。高处约在两侧边中间，有一块可移动的石头，把石头抬起，就露出一条通往拱顶的倾斜通道。（斯特拉博《地理学》第十七卷）

遗憾的是，斯特拉博对入口内的描述太过简略，人们无法确定通往上层墓室的通道当时是否被发现了，是否还封闭着。

公元1世纪时，罗马学者老普林尼在著作中写道："人们认为，在最

右：这幅19世纪晚期具有东方色彩的插图表现的是哈里发马蒙重视科学研究的主题。画面中他命人测量子午线的长度。

大的金字塔内，有一条深达八十六肘尺的井，与河相通。"（《自然史》第36卷第17章）引文所说的可能是"辅助井"的下段，当时它也许可见，但填满了碎石。这一事实可能混合了希罗多德的描述因而产生上述引文。像斯特拉博一样，普林尼也没有描写或不知道金字塔内有高层墓室或通道。

中世纪的传说与探索

公元后第一个千年间，金字塔是超级粮仓的说法流传甚广。

公元641年，埃及成为伊斯兰国家。大约760年后，埃及历史学家马克里齐收集了哈里发统治期间所有关于金字塔的记录和故事后编纂成书，该书于公元15世纪出版。现在，它的缩写名为《调查》（*Al-Khitat*）。虽然其内容来源主要是早期文献，但这本合集仍然是了解中世纪时期吉萨探索活动的主要资料之一。许多故事都充满幻想，记录的事也是不可能的，这在很大程度上是由于文字深受秘传哲理的影响，但这本书确实值得保存和阅读，即便只作为那几百年间深受欢迎的民间文学。

《调查》引用了公元12世纪的作家易卜拉欣·伊本·瓦西夫·沙阿的原文，他在其《埃及及其奇观》中记载：洪水之前统治埃及的一位法老苏里德下令建造金字塔，并开凿运河将其连接到尼罗河，引水填满水库。他在金字塔中装满了护身符、各式奇珍、财宝、神像以及法老的尸体。按他的命令，祭司们在这些建筑里写满富有智慧和哲理的文字。每一寸表面都写着古埃及人熟知的所有科学，墙壁、金字塔面、天花板和地板上都绘满星辰图案，以及药品的名称及其益处和害处。符咒、数学、建筑学以及世上的所有科学都包含在内，并且以秘文写成，只有能写会读这种语言的人才能看懂。

东金字塔（大金字塔）中有多个密室，里面绘着天空和星辰的图像，摆满苏里德祖先的雕像，点着香精供奉天国。密室中有关于各行星的书籍和恒星的星表、它们各时期的运行图表，以及受其影响的过去时期的大事列表，还有需要观察它们以预知未来的时间。有关埃及的一切都写在里面，直到时间尽头。此外还有盛着神奇液体的容器和其他类似物品。

彩绘金字塔（疑似哈夫拉金字塔）中安放着祭司的遗体，这些遗体密封在黑色花岗岩棺材中。每位祭司都有一本书，记录了他掌握的神奇本领、他生前的事迹以及世界从开始到结束的变化。金字塔表面上绘制了从事各种职业的古埃及人，并根据其身份排列，画像旁还附有对他们的行业、所需工具以及与之有关的方方面面的描述。没有一个行业被遗漏，所有行业都被描述并绘制下来。献给行星、恒星和祭司的财宝都装在金字塔中，其数量之多、价值之高，不可估量。

这些故事中既有黄金又有知识，象征着人类所有的欲望。这样的故事吸引了大量听众（或读者），其中不乏当时最杰出的宫廷学者。这也是哈里发马蒙（译者注：马蒙，阿拉伯阿拔斯王朝第七任哈里发，狂热追求知识，建造了"智慧宫"，并开启了"百年翻译运动"，使阿拉伯的伊斯兰文化达到鼎盛）于公元832年前往埃及的原因之一。当时的安条克（现土耳其南部小城）大主教——泰尔马尔的狄奥尼修斯也随行在侧。哈里发强行打通一条进入大金字塔的通道，如今游客们走的就是他当时挖开的隧道。据说他为此事花了许多钱，而他在埃及文学中也成了一个觊觎财富的强盗。事实上他对埃及的着迷有其他原因。马蒙于公元813年登上了哈里发的宝座，生前一直被人尊称为"学者"。他周游各地，创办大学，并对古希腊手稿产生了兴趣，甚至还亲自翻译过；他还鼓励研究科学，包括天文学和地理学。这一切都与那个渴望黄金和财富的统治者形象相去甚远。在政治前沿，他不得不应对冲突和暴乱。正是因为科普特人的巴什穆里亚起义，才迫使他于公元832年插手埃及事务。

为了与科普特人斡旋，他请来泰尔马尔的狄奥尼修斯出面劝和。根据公元9世纪地理学家雅各比记载，外交调停无果，叛乱最终被镇压，而马蒙在埃及仅逗留了47天。由于哈里发要将大部分时间用于解决冲突，因此他只有很短的时间去探索大金字塔。

毫无疑问，马蒙确实进去参观过金字塔，而且他的主要动机可能是出于科学兴趣。围绕着大金字塔的神话以及里面藏着的知识宝库的传闻，甚至"打开全宇宙的钥匙"的名号，一定使哈里发好奇不已。埃及历史学家伊德里西（公元1251年）记录道：

当他在本书中提到（公元832年）来到埃及时，在雄心和探索欲的驱动下，他决心要揭开金字塔隐藏的秘密，弄清其真正含义。他发现没

下：现在游客进入大金字塔的入口据说是哈里发马蒙凿开的。（弗兰克·莫尼耶）

有人可以理解他在里面发现的东西，或者将其中的晦涩奥义翻译成阿拉伯语，除了其他埃及智者推荐的老者阿尤布·b·马斯拉马，因为他能破译象形文字。

最早将这段话译成英文的迈克尔·库珀森坚信，这是伊斯兰时代早期一次破译象形文字的尝试。库珀森还翻译了泰尔马尔的狄奥尼修斯所著的《教会史》节选，书中他如此写道：

在埃及，我们还看到了神学家（纳西昂的圣格列高利）在他的一篇讲道中提到的那些建筑物。它们并不像有些人相信的，是约瑟夫的粮仓。相反，它们是建在古代国王陵墓上的宏伟神坛，无论从哪看都是倾斜的（由倾斜的平面组成）且是实心的，而不是空洞无物的。它们没有内里，也没有门。我们在其中一座中发现一道裂隙，深约50肘尺。显然，（此处的）石头原本垒得没有任何空隙，后来有人想要确认金字塔是否空心，就把它们打破了。

狄奥尼修斯发现当时已经存在裂痕，支持了1801年法国东方学者西尔韦斯特·德·萨西和20世纪90年代德国古埃及学家赖纳·施塔德尔曼的结论，两人都质疑马蒙挖出了金字塔第一个入口这一说法，但事情的真相可能介于两者之间。

事实上狄奥尼修斯曾去过埃及两次，第二次才是为哈里发平息与科普特人的争端，当他的外交努力无效时他就离开了埃及。可能在狄奥尼修斯离开后，马蒙才进入大金字塔。也有

上：这幅18世纪版画描绘的是早期探索者眼中的大走廊。他们举着燃烧的蜡烛照路，完全不知道接下来会发现什么。（纳普顿，1754年）

右：19世纪早期彩色版画，描绘的是进入大金字塔国王墓室里的探险者。

可能马蒙只是扩大了大主教所提的已有裂缝，当时这条裂缝已长24米，但似乎是一条死胡同。

德·萨西引用了历史学家阿布德-拉蒂夫-巴格达迪在12世纪或13世纪撰写的《埃及纪实》，书中清楚地说明了那时大金字塔已经完全可以进入。

两座金字塔中有一个是开放的，并且有一个入口，我们通过该入口进到里面。开口连通多条狭窄通道、极深的管道、井和悬崖。那些有胆量下到……最深处的人最后到达一处无法再继续深入的地方。最常用的通道，也是紧接入口的，是一段斜堤（斜坡），该斜坡通向金字塔的上部，那里有一间方形墓室，里面摆着一具石棺。这道开口是现在进入金字塔内部的入口。它不是一道建造时修的门。这是一个随机选择、费力打开的洞。据说是哈里发马蒙开通的。

伊德里西在记录生活在10至13世纪的古代作家时也提到了马蒙的作为。他的作品于20世纪90年代被译成外文而为人所知。他引用了阿布-萨勒特（公元1134年）的话：

马蒙来到埃及后，就下令给金字塔开个口。费尽千辛万苦，经过多日的努力后，面朝福斯塔特（译者注：埃及古城，公元641年征服埃及的阿拉伯军在此建军营，后成为埃及首府）的金字塔之一被打开了。他们在里面发现了向上的通道和向下的通道，所有通道都阴森恐怖且难以通行。它们顶部有一间8肘尺×8肘尺的

立方体空间，中间有一具密封的大理石盆。拆下盖子后，人们发现里面什么都没有，只有腐烂的残骸。此时哈里发停止了探索。据说，打破金字塔既费钱又费力。

伊本·麦玛提（公元1209年）：

金字塔最神奇的故事之一是，当马蒙进入埃及并看到它们时，他想拆开一座金字塔，看看里面有什么。人们告诉他这是不可能的。他说："我一定要打开一个。"于是就对（现有）裂缝开始挖掘，耗资巨大。用火烧过，用投石器投过弹丸。最后发现墙的厚度接近二十肘尺。（两段皆为迈克尔·库珀森的译文）

这是唯一一提到使用过投石器（这是一种用来投石头的器械）的文字。

当时许多人认为金字塔是空心的，所以马蒙想用军事设备突破金字塔外层也是合乎情理的。

这些记录都证实哈里发确实组织过一次对金字塔内部的探索，而且他能相对迅速地成功进入，是由于他利用了一条已有的隧道，即泰尔马尔的狄奥尼修斯看到的那条。

金字塔的原始主入口，即三角拱顶下的那个，似乎人们一直看不到，直到顺下行通道进去后才能从内部发现它。该观点得到以下事实的支持：入口拱顶周围砌石上的涂鸦，全都是公元13世纪以后留下的。

也有证据表明，早在古埃及时期，也许早在公元前2000年至公元前2150年的第一中间期，就有人进入过大金字塔。那个时代的古埃及人甚至可能还记得金字塔内部的细节，

右：塞巴斯蒂安·明斯特尔1544年出版的《世界志》中的吉萨在三座大金字塔。似乎当时还能看到入口。

但是到公元1000年时，这一信息早已被遗忘干净。赛斯时期（约公元前660年—公元前530年）的古埃及人查看了孟菲斯地区的古墓，对其进行修复并将其中的某些古墓用作自己的陵墓。如前所述，他们的修复工程可能涉及大金字塔，甚至可能增加了斯特拉博描述的吊门入口。综上，可能曾有一个被封死的裂缝，后来又被马蒙重新打开，这就解释了为什么他能够如此迅速地进入内部。

大金字塔首次被强力闯入的确切时期已无法追溯，但是希腊和罗马人留下的记录只提到下行通道和地下墓室可以进入。这可能意味着当时走的是原始入口，而不是后来马蒙扩大的裂缝，因为后者连通的是上层墓室系统。如果是这样的话，那么肯定有人看到了地下墓室附近的"辅助井"下端，体力好的探索者甚至可以沿着它向上进入大走廊。这也反过来解释了花岗岩封堵石从内部被破坏的痕迹，他们曾试图打通上行通道与下行通道的交会口。然而，他们放弃了清除花岗岩的想法，转而绕过它们挖了一条小通道，成功地连接起上下行通道。

如果后来马蒙或他的某位前任需要另外开辟或扩展一条独立通道，那就说明希腊人和罗马人描述过的那条原始入口此时已经被封闭并再次隐藏起来。今天，马蒙隧道的南端就是连接上下行通道的绕行隧道的顶端。如果允许，游客们可以沿着它来到下行通道，瞻仰一下通向北入口的笔直竖井。

哈里发成功进入金字塔后的发现，与以上重建的事件发生顺序完全吻合。和现在的游客一样，他沿着通

左：乔治·桑兹版画中的吉萨。
（乔治·桑兹，1615年）

道爬上爬下。在最高的墓室中，即描述为"8肘尺×8肘尺"的墓室，他找到了一具盖着盖子的石棺，里面有一具木乃伊残骸。有石棺说明作者描述的是国王墓室，但未提及家具或法老记录的痕迹，除了后来添加的奇怪物品。很明显，金字塔内的值钱物品早已被劫掠一空，好奇的哈里发没找到他想要的智慧，失望而归。

马克里齐的书中还有其他引文，讲述了马蒙进入金字塔后发生的事情。其中一段说，马蒙在石棺中发现的黄金恰好够支付挖掘的费用，即1 000第纳尔，但这可能只是记录他酬谢工人的方式，而不是历史或考古事实。故事的另一段记载了他们在金字塔中发现了一个绿色的人形石棺，里面装着一具覆满黄金的男人尸体。据说这具石棺一直摆在开罗哈里发行宫的入口附近，直到公元1214年。

这部文集的其他部分告诉我们，马蒙进入金字塔后，又有许多人追随他的脚步进行了探索。这些人会准备好食物、次料、绳索和蜡烛。有些人平安地回来了，有些却永远留在探索内部的路上。那时积聚的碎屑还没有清除，也没有像今天这样安装楼梯、照明和通风设备，很容易送命。迷信由此滋生，警告他人不要重蹈他们的覆辙。

无论水平入口隧道是否完全是哈里发的功劳，当成千上万的游客和朝圣者被围绕着大金字塔的神秘故事以及它独特而古老的内部结构吸引而来时，他们乃然从同一条通道进入。

中世纪后期关于大金字塔的作品全无新意，只有几篇描述金字塔外观的文章。昂格吕尔（现法国东北部小城）伯爵在公元1395—1396年到该地区朝圣时，注意到胡夫金字塔周围

右及下：大金字塔的描写和描画逐渐详细。这些横截面图由丹麦探险家弗雷德里克·路易·诺登绘制，发表于1757年。低处的通道仍然封闭着，当时人们还不知道"减重室"。王后墓室满是碎石。

的铺面石正被拆去用于修建开罗的建筑。此后再没有重要信息传入欧洲，直到文艺复兴时期开始。

文艺复兴时期及初次科学研究

1615年，英国人乔治·桑兹出版了一本书，其中有一幅三座金字塔的版画，外观状态与目前相似。桑兹是一名探险家，他的游记被整理成四卷本《1610年开始的旅程》出版（1615年）。接下来的几十年，这套书始终是英语世界了解地中海东部地区的标准读本。他记载了地下墓室无法进入，王后墓室的一半被堆满了碎石。他又爬上大走廊，找到国王墓室，在那里发现石棺旁被人挖了个坑（现在已回填）。他还注意到了通风井、观星井的开口。

其他许多旅行家都描述过胡夫金字塔的内部墓室，尤其是空石棺所在的国王墓室，虽然此时棺盖早已不知去向。这些人中有意大利医师兼植物学家普罗斯佩罗·阿尔皮尼，他曾于公元16世纪末前往埃及研究该地区的植物区系。

1636年至1640年，英国博学家约翰·格里夫斯游历了黎凡特和开罗。他曾在牛津大学学习阿拉伯语和波斯语，并在那里教授过数学和天文学。他想去亚历山大测量那个城市的纬度，以便更好地了解希腊天文学家克罗狄斯·托勒密的著作。托勒密是亚历山大科学家，他的《天文学大成》是希腊罗马时代流传下来的天文学巨著。格里夫斯在逗留期间还去了吉萨，并测量了金字塔墓室的内部尺寸。他将金字塔的测量结果连同对金字塔起源的古代文献研究，全部收录进《金字塔学》中，并于1646年出版。他在导言中写道：

> 1638年我来到金字塔……因为我两次从亚历山大去往开罗，又从那里进入沙漠，为了更准确地观察它们，我随身带了一根十英尺长、刻度准确的杆，以及其他一些工具，以便更全面地探索真相。但是在开始具体描述前，我要先问个问题：是谁，在什么时间，为什么目的，建造了这些建筑物？

作者对内部墓室的描述比桑兹更细致。"辅助井"只考察了几十米，当时它"石窟"以下的部分仍被碎石填满，但"石窟"以上的部分显然已经打通。王后墓室的壁龛里的那个洞也已经存在并被记录下来。在金字塔外部，他注意到玄武岩砌石的存在，并正确地认出这是古老的葬祭庙的一部分。根据古典时期作家留下的信息，格里夫斯正确地判断出大金

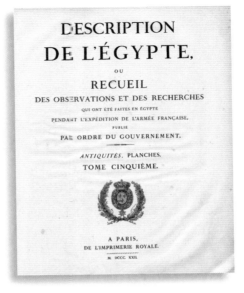

DESCRIPTION DE L'ÉGYPTE, OU RECUEIL DES OBSERVATIONS ET DES RECHERCHES QUI ONT ÉTÉ FAITES EN ÉGYPTE PENDANT L'EXPÉDITION DE L'ARMÉE FRANÇAISE, PUBLIÉ PAR ORDRE DU GOUVERNEMENT. ANTIQUITÉS. PLANCHES. TOME CINQUIÈME. A PARIS, DE L'IMPRIMERIE ROYALE. M DCCC XXII.

左：23卷本《埃及记述》其中一卷的封面。该著作记载了拿破仑·波拿巴远征埃及期间，法国专家们的大量研究结果。

字塔是法老胡夫的坟墓。从那时起，金字塔是古代法老的王陵这一事实再无疑问。格里夫斯对金字塔内部的测量是如此精确。对古代科学作品很感兴趣并想了解古代的测量系统的艾萨克·牛顿　成功地根据国王墓室的建造数据正确地算出埃及的肘尺长度。他算出1肘尺等于"1.719英尺"，即52.396厘米，与250年后的弗林德

下：拿破仑·波拿巴在金字塔战役中指挥法国军队。这场战役虽然惨败，但是从科学角度来看，这次远征是一次伟大胜利。（阿贝尔·雨果，1835年）

上：战争期间法国专家们探索大走廊的壮观场面。
（《埃及记述》，19世纪）

仑·波拿巴将军入侵埃及，主要目的是在欧洲和印度间的贸易路线上占据战略要地。拿破仑集结了一支50 000人的军队，其中包括至少167名学者或专家，于1798年入侵埃及。

这次浩大的远征兼具科学与军事两种性质。除其他考虑，法国人还抱着在地中海与红海间挖一条运河的目的想进行地形考察，因此，包括工程师在内的资深技术人员成了必备。然而，大部分学者的精力都投入古迹的科学研究中。军事行动最终只是一场惨败，但科学家们成功地进行了有史以来规模最大、期望最高的科学研究之一。几十年后，他们将研究成果整理成《埃及记述》。这套插图丰富的巨著最后一卷出版于1822年。

库泰勒上校和年轻的工程师埃德米·弗朗索瓦·若马尔都参加了远征，他们在详细研究大金字塔后取得了进展。上校是第一个对大金字塔内的所有通道和墓室进行全面科学描述并配以非常精确的测量数据的人。他还记录下许多小细节，包括第一"减重室"的花岗岩横梁开裂，墙壁的砌石部分出现破损。他记录下对"辅助井"的探查过程，并详细记载了里面极其难以通过的狭窄转角和拐弯，80年后来此探索的皮特里想必深有体会。库泰勒无法到达它的下段，因为它填满了碎石。他推断这些是早期清理石窟时产生的废料。在金字塔外面，若马尔和库泰勒移除了金字塔下堆积多年的碎石，其东北角的底部因而露出，然后他们对整座建筑的初始规模进行了精确测量。他们还对周围古迹很感兴趣，并研究了马斯塔巴，挖掘其中一个的竖井并找到了花岗岩

斯·皮特里的结果相差不到两千分之一。

1765年7月8日，英国外交官纳撒尼尔·戴维森发现了一条通向大走廊南墙顶部的隧道，该隧道通向国王墓室室顶上方的第一"减重室"。直到今天，这间最低的"减重室"仍以他的名字命名。

现代早期

直到18世纪末，人们对大金字塔和吉萨的了解才有了重大突破。当时，法国督政府派遣拿破

石棺，从而确认它们也是陵墓。

然而矛盾的是，法国科学家的远征和若马尔向受过教育的公众传播的研究，标志着古埃及学从此纳入科学研究领域，但随之而来的复杂讨论和各种观点催生了一系列猜想和臆测，这股浪潮一直贯穿整个19世纪。约翰·泰勒和最著名的苏格兰天文学家查尔斯·皮亚齐·史密斯等人各自提出一套详尽的理论，并著书立说试图解释在吉萨的发现。他们对古埃及的了解极其有限。如下文所述，直到才华横溢的年轻的弗林德斯·皮特里来到大金字塔，这些古今混杂、千头万绪的线索才被最终解开。

与此同时，1837年，英国人霍华德·维斯上校和工程师约翰·雪伊·佩林开始探索孟菲斯地区的金字塔，最初是与意大利人乔瓦尼·巴蒂斯塔·卡维利亚一起进行的，这位意大利人数年来一直在挖掘这些建筑。他们的主要目标是寻找古董，虽然在探查过程中也流露出些许对历史的好奇。例如，维斯的测量工作发现了天文学的对准问题，如今它已成为大金字塔的基本意义。他们草绘了金字塔的内部平面图，列出了各结构的位置，这些手稿至今仍被用于研究大金字塔。

然而他们的探索中最广为人知的，却是为加快挖掘速度而使用了大量火药。他们一再使用炸药炸出深沟和隧道，以肯定或推翻他们对隐藏物的最新猜测。例如，维斯就确信大金字塔中还有另一个墓室待发现。

这些方法现在听起来简直骇人听闻，但是他们的确很快清理出地下墓室、国王墓室中的观星井、通风

左：英国工程师约翰·雪伊·佩林画像。1837年他与霍华德·维斯一起探索孟菲斯墓葬区的金字塔。（1842年）

井和"辅助井"，这里也有卡维利亚的功劳，几年来他已经获得了显著的成果。他们还发现并进入了"戴维森室"上方的其他"减重室"，并在其中发现了古代金字塔修建者留下的铭文，无可辩驳地证明金字塔确实是法老胡夫下令修建的。

下：大金字塔最早的几张照片之一。（弗朗西斯·弗里思，19世纪中期）

173

　　与此同时，这些探险家也在各处大肆破坏这座古建筑。在国王墓室和王后墓室附近，以及地下墓室，最过分的是在金字塔的南塔面，他们在核心结构内炸出一道巨大的裂缝，妄图打开一个与第一入口相对的第二入口。如今我们依然能在大金字塔的南塔面看到这道狰狞的伤痕。

　　他们清除了碎石，北塔面下残留的大块底层覆面石，以及东侧的"试验通道"得以露出，他们还准确地记录下所有的发现。几个月寻找"真正的"墓室无果后，维斯得出结论，目前已知的墓室是金字塔中仅有的墓室，国王墓室无疑是法老的安葬室，并且也是最初的建造目的。虽然他们的方法现在有争议，但他们的许多发现以及对大金字塔的深入了解，算得上是重大的成就。

　　1842年，另一支科学考察队抵达吉萨，他们与半个世纪前拿破仑队里的专家们一样雄心勃勃。普鲁士的古埃及学家卡尔·理查德·累普济乌斯带领着这支科学团队于1842—1845年在埃及和努比亚进行研究，最终出版了《埃及和埃塞俄比亚的建筑》（*Denkmaeler aus Aegypten und Aethiopien*）。在吉萨，考古队专注于大金字塔周围的墓葬区，集中考察古王国时期的马斯塔巴。他们共进入、检查、鉴定了45座坟墓，并复制了它们的装饰和铭文以供出版，此外还记录了37个其他古墓。法国人让-弗朗索瓦·商博良破译了象形文字，这一成果使累普济乌斯能够翻译并首次揭开在大金字塔时代生活、工作的这些男女的生平。

　　整个19世纪下半叶，大金字塔中发现的唯一值得关注的新突破，就是国王墓室和王后墓室的通风井和观星井。当时苏格兰医生韦恩曼·狄克逊和古董商詹姆斯·格兰特·贝发现了竖井，并于1872年将其打开。他们在竖井中发现的文物现在被称为狄克逊文物。

考古时代

　　1870—1902年，古埃及学在新兴的考古学的影响下终于发展成一个系统的研究领域。在此期间发生了一件特别的事件，从根本上改变了受过教育的公众对大金字塔的理解。1880年，英国考古学家弗林德斯·皮特里对吉萨高地的古迹进行了三角测量。他的调查报告解决了围绕金字塔和古王国时期埃及建筑的许多悬而未决的问题。

1880年，年仅27岁的弗林德斯·皮特里孤身一人带着父亲的经纬仪踏上埃及，此时对新领土的勘察异常普遍。与正在巴勒斯坦勘察的训练有素的皇家工程兵不同，皮特里从没进过学校或上过大学，只是非常独立地培养出一种兴趣，并最终将其发展为专业。当时，考古学正逐渐从绅士学者从事的学科发展为专业的学术研究。大多数考古学家仍是业余爱好者，因此皮特里缺乏正规教育并不妨碍他被对该领域感兴趣的人接受。古埃及学同样是业余爱好者的天地，而皮特里幸运地出生在专业发掘者刚刚出现、业余爱好者未被完全摒除的时代。实际上，当19世纪80年代皮特里前往埃及时，全英国还找不出一个研究古埃及学的学术部门。然而这一切即将改变。

1882年，英国军事入侵埃及、并一直占领到1936年。尽管这种军事权威无可否认，但皮特里在吉萨进行的业余三角测量和专业考古发掘（后来推广到埃及各地），使英国在古埃及和中东的学术与意识形态研究问题上，成为欧洲不可动摇的权威，此后英国在这些领域的统治地位一直持续到20世纪初。虽然皮特里最初是独来独往且几乎不为人知，但他的测量工作成为英国官方组织之外英国知识思想体系提升的一件大事。埃及探索基金会成立一年后，即1883年，勘测结果发表。皮特里随即成为这个新组织的重要一员。这主要是因为富有而成功的小说家兼业余古埃及学家阿梅莉亚·爱德华兹，她一眼看出了皮特里的才华，并在其整个职业生涯中始终为其提供经济和专业支持。

下：弗林德斯·皮特里对吉萨古迹区进行三角测量示意图，测量结果精度极高。（弗林德斯·皮特里，1883年）

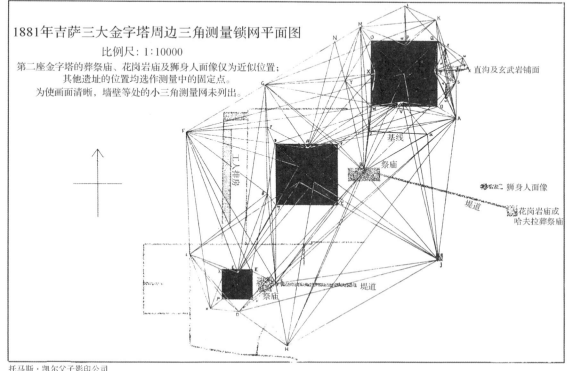

1881年吉萨三大金字塔周边三角测量锁网平面图
比例尺：1：10000
第二座金字塔的葬祭庙、花岗岩庙及狮身人面像仅为近似位置；
其他遗址的位置均选作测量中的固定点。
为使画面清晰，墙壁等处的小三角测量网未列出。

托马斯·凯尔父子影印公司

Bonfils

自从约翰·泰勒1859年出版了名为《探秘大金字塔》的复杂数学著作以来，大金字塔的许多技术特点也卷入风靡全球的新公制系统的讨论中。泰勒和他的追随者，其中包括苏格兰皇家天文学家查尔斯·皮亚齐·史密斯，都认为金字塔的测量数据与地球和太阳系的几何形状之间存在着许多巧合。他们还（错误地）得出结论，英国的英制系统测量单位（英寸、英尺、码）源自一种更古老甚至是神圣的体系。此类理论在英国和美国是否应采用公制测量体系的讨论中产生了重要影响。

远在吉萨炽热沙漠中的弗林德斯·皮特里，就身处这种知识环境中。尽管他对史密斯的理论感兴趣，尽管他父亲一直是史密斯理论的忠实支持者，但皮特里对古埃及研究的成果在本质上是世俗的，因为他的结论大多与史密斯和泰勒的结论相反。也许是因为皮特里从一开始就独立研究，不受制于任何官方组织，所以他能够超脱于所有意识形态问题，得出非常坦率、公平、严谨并客观的科

学调查报告。这份报告如实地汇报了吉萨的考古遗迹，并准确地辨别出古代金字塔修建者留下的工程细节。皮特里测量了金字塔，算出它们的真实尺寸和特征，驳斥了史密斯和泰勒的大部分理论，一跃成为古埃及学的新泰斗。

即使现在，他的报告仍是整个墓葬建筑群许多特征的基本测量数据的权威资料，古埃及学家也会经常参考。要用经纬仪测量高地，他先在大金字塔南部确定测量基准线并精确测量，然后以此作为基础建立一个涵盖整个高地的三角网络。这样一来，他就可以精确地测量整个高地所有部位的尺寸，误差不到1英寸（2.54厘米）。该网络共有约14个站点，各站点与金字塔和神庙上可见的各个关键建筑点之间的角度他都一一测量，再回到地理坐标确定的点，如大金字塔的尖顶。

对照站点通常设立在明显的突出物上，以保证其清晰可见，如肯特高斯大墓的顶部和哈夫拉金字塔的葬祭庙顶部。高地北部的站点是沿一条西南—东北方向的直线建立的，这可能是因为沿直线从视觉上更易辨别，能保证更高的精度，因而有意为之。勘测中最重要的部分之一是皮特里对大金字塔底部的详细测量。通过精确定位维斯发现的尚存的覆面石前缘，他成功地勾勒出基面的原始边线，通过这些边线推断出交点的位置，即最初四角处摆放大型建筑物基石的位置。这样，他就能够确定侧边的原始尺寸。通过测量覆面石的倾角和各层高度，他相对准确地算出建筑物的原始高度。他最终的发现是古埃及修建

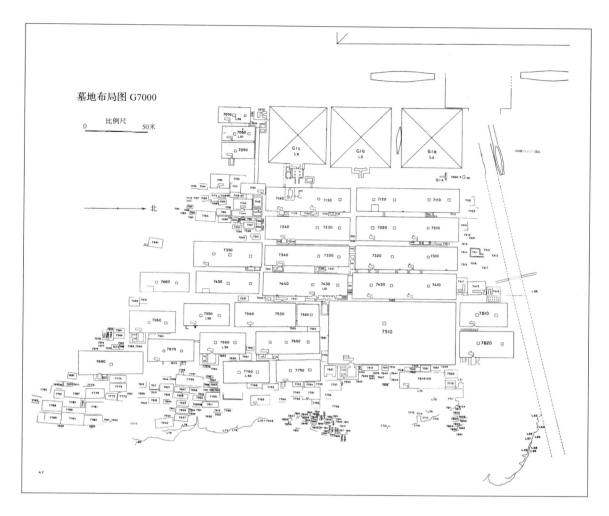

墓地布局图 G7000

0 比例尺 50米

→ 北

者达到的令人惊艳的建造精准度。最后，皮特里甚至在金字塔内部设置了一系列经纬仪，一直深入最深的竖井和最远的墓室。这些测量报告发表于1883年。报告包括大量测量细节，对历史上的各种数据和理论广泛而全面的分析，以及对测量精度的详细回顾和分析。

20世纪初，发掘吉萨墓葬群的特许权由几个国家的不同组织共享。在接下来的60年中，德国、意大利和美国考古队逐渐发现了高地上的其余建筑物。乔治·赖斯纳率领的美国团队以赞助商之名命名为赫斯特探险队，后来转而为哈佛大学和波士顿艺术博物馆效力。40年间（直到1942年去世），他一直在带领团队研究大金字塔的西墓区，并建立起至今仍在使用的马斯塔巴编号体系。在西墓区里，他意识到在胡夫统治时期曾建立过极为规则的网格状通道，因为后世的建造不再遵循初始规划而显得混乱。

1924年，赖斯纳将研究扩展到东墓区。1925年，他的队员发现了G7000x藏宝室，这是一个离胡夫王后金字塔不远的深窬的岩凿墓室，里面装有胡夫之母海特菲莉斯王后的奢华家具。与古埃及学者现在无比熟悉的华丽的新王国时期陪葬家具相比，它们装饰精美但朴实无华，包含一个

上：20世纪上半叶发掘后的东墓区布局图。
（乔治·赖斯纳，1941年）

右：在大金字塔周围墓区的一座马斯塔巴中发现的"预留人头"。（开罗博物馆，弗兰克·莫尼耶摄）

空的雪花石膏石棺、雪花石膏的卡诺皮克罐（译者注：用来装制作木乃伊时从死者身上取下的内脏，一套共四个 分别装着肝、胃、肺、肠）、窗帘盒、华盖架、木椅、木床和盛放镶嵌半宝石的蝴蝶手镯的珠宝盒。

该墓区最大的马斯塔巴（G7510）内刻有铭文，其中有负责胡夫王朝后期大金字塔建造工作的维齐耶的名字 安哈夫。还有一尊这位维齐耶的精美半身像，现保存在波士顿艺术博物馆。发现于红海港口瓦迪-雅尔夫的纸草书卷中也有安哈夫的名字，该文件记录着图拉石灰石块运到吉萨的过程。最终，雷斯纳的团队还在孟卡拉河谷庙深处发现了一组中央干谷的泥沙和被冲刷物掩埋的灰陶雕像。这些是已发现的最伟大的古埃及宝藏之一。其中大多数现在陈列于开罗博物馆或波士顿艺术博物馆。

1903年至1929年，莱比锡大学的一支德国团队也发掘了大金字塔附近的西部和南部墓地。这支考古队

1903年至1907年由格奥尔格·施泰因多夫领导，1912年至1929年则由赫尔曼·容克尔领导。容克尔发现并挖掘了胡夫的侄子海米昂的巨型马斯塔巴（G4000）。在胡夫统治初期，海米昂可能是大金字塔工程的负责人。如今对古埃及学家来说他已是熟面孔，因为该墓中有他的一尊逼真的雕像：一个尊贵而略微肥胖的中年男人。这尊雕像现在陈列在德国的伊尔德塞姆博物馆。

在第四王朝马斯塔巴发掘期间，德国和美国团队还发现了约40个"预留人头"。这些逼真的石灰石雕刻作品是死者的雕像，其高度传神和明显的个性表明它们代表的是真实的人。它们不仅涂有彩色颜料，还有正式铭文。它们确切的象征或丧葬作用和意义仍是一个谜。

如火如荼的国家发掘运动因第二次世界大战而结束，但人们对马斯塔巴墓地的研究从未真正停止过，对发掘细节的后续科学报告继续发表，偶尔还会出现发现新古墓的报道。

第二次世界大战前，古埃及学家塞利姆·哈桑领导的埃及考古队发掘了金字塔东侧的大型空船坑以及紧靠金字塔的葬祭庙遗址。根据这些研究结果，他们成功地重建出葬祭庙的原始平面图。他们还从堤道周围的沙子中找到几块装饰壁画碎片，其中一块画着荷鲁斯手持圣环飞在胡夫头顶。

战后及高科技时代

1954年，古埃及学家卡迈勒·迈拉赫在胡夫金字塔南侧附近发现了两个密封船坑。最东端的坑被小心

地打开，露出成千上万块大雪松船的零件，它们是在法老下葬时被拆解后摆放进去的。官方决定将其取出并重建为原来的样子。重建项目由哈吉·艾哈迈德·优素福领导，无疑是埃及学最伟大的成就之一。他的团队首先为发现的每块零件制作出微型模型，然后用这些模型练习重建船体。如今这艘小模型成品陈列在太阳船博物馆中，旁边是那艘重建的古船，就在它曾经沉睡的船坑上方。

接下来的几十年间，古埃及学研究主要在少数外国学者和爱好者、自费的专家领导和埃及人自己的指导下继续进行。例如，20世纪60年代，意大利建筑师维托·马拉焦利奥和切莱斯特·里纳尔迪对孟菲斯墓葬区的金字塔（包括胡夫金字塔）进行了非常详细的勘测。他们出版了多卷书籍，其中有古迹平面图以及大金字塔建筑群几乎所有构件的详细描述。

20世纪80年代，美国古埃及学家马克·莱纳开始对整个吉萨高地进行勘测。莱纳初到吉萨时，还只是一个吉萨高地古老神秘理论的拥护者，但是在一些著名的美国人的支持下他逐渐成长为考古专家。在他的不懈努力下，最终他带领的团队在高原东南边缘的海特–古罗布发现了金字塔工人城。多年来他还致力于古埃及研究协会（Ancient Egypt Research Associates，AERA）组织的建设工作，使其成为现在吉萨高地最重要的研究机构之一。该组织现在还开设实地考古学校，以培训新一代古埃及学家和考古学家。

莱纳与近年来最著名的古埃及学家扎希·哈瓦斯密切合作。20世纪

上：宇宙射线穿过大气层顶部生成μ子示意图。安装在古建筑内的检测器只有很有限的接触范围。（弗兰克·莫尼耶）

90年代，哈瓦斯成为埃及国际名人之一，并最终当选埃及古迹最高委员会主席。在吉萨，他领导的一个团队发掘出堤道的部分区域和深埋在高原脚下尼罗河冲积泥沙下的河谷庙与港口的各个部分。他们还发现了此前无人注意到的胡夫卫星金字塔（G1d）的残片。

20世纪60年代对吉萨金字塔的探索进入了新时代。各种先进技术，包括无损扫描和数字测量设备以及碳14测年和3D成像技术，开始挑战传统发掘，成为揭示古迹相关新数据和信息的新手段。吉萨高地地位重要，因而经常成为新技术的试验场和向公众展示其有效性的方式。

美国研究者路易斯·沃尔特·阿尔瓦雷斯引入了几项创新的尖端技术来研究金字塔。这位著名的物理学家是1968年诺贝尔物理学奖得主，并且参与过研制第一颗原子弹的曼哈顿计划。阿尔瓦雷斯设想，既然宇宙射线可以穿透与大金字塔一样庞大和厚

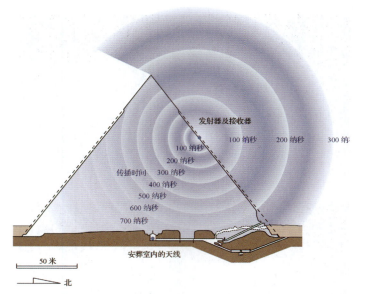

发射器及接收器

100 纳秒　200 纳秒　300 纳

100 纳秒

200 纳秒

传播时间　300 纳秒

400 纳秒

500 纳秒

600 纳秒

700 纳秒

安葬室内的天线

50 米

北

上：1974年哈夫拉金字塔内使用的探地雷达技术示意图。电磁波传播过程中的减慢与减弱速度和介质数量成正比。
（弗兰克·莫尼耶）

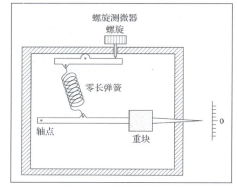

螺旋测微器

螺旋

零长弹簧

轴点　重块

0

右：重力仪工作原理简图。
（弗兰克·莫尼耶）

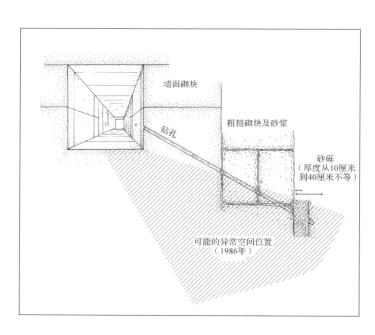

墙面砌块

钻孔

粗糙砌块及砂浆

砂砾
（厚度从10厘米到40厘米不等）

可能的异常空间位置
（1986年）

182

重的结构，那么可以用它们生成金字塔内部结构的图像。这种技术现在被称为μ子成像技术。阿尔瓦雷斯首先瞄准的是哈夫拉金字塔，他认为其内部结构相比胡夫金字塔异常简单，因此更可能包含隐藏的密室。由于哈夫拉金字塔建于胡夫金字塔之后，阿尔瓦雷斯认为，它的建筑师可能有更有效的隐藏内部墓室的方法，也许在金字塔的地上结构中，就像胡夫金字塔的通道和墓室那样。

这些成像实验所用的μ子是宇宙射线撞击高层大气原子时产生的带负电荷的粒子，然后这些高能粒子抵达地球表面，能穿到很深的地下，甚至进入最深的矿井。成像技术由测量这些μ子穿过固体物质的流量实现。遇到的固体物质越多，被吸收的μ子越多。这些μ子可能来自各个方向，但是当它们通过固定检测器时，其检测板就能生成类似于X射线的图像，从而显示建筑在该方向上的内部结构。检测到的μ子总数的变化代表着自然或人工建筑内部的密度差异。不过曝露时间约为数周，因为在海平面上，粒子的平均抵达速率仅为170微米/（平方米·秒）。

为了进行这项独特的研究项目（名为"金字塔项目"），埃及文物部门与加利福尼亚大学和埃及艾因·夏姆斯大学展开合作。在哈夫拉的安葬室中安装了大量电子设备。整个实验过程中，该墓室相当于一个实验物理实验室。

左：通向王后墓室的水平通道横截面，南向。西墙上沿着通道方向间隔1.3米打了三个洞以确定设想的空间位置。这次钻孔没有找到空间，但收获了周围石料的信息。
（弗兰克·莫尼耶）

实验结果是，除已知的墓室外，哈夫拉金字塔再无其他空间。由于检测技术导致的结果局限性以及结果分析过程中主观的假设，该项目随后饱受批评。例如，安装在墓室中的检测器只能检测到抵达墓室正上方45°的狭窄圆锥体下方的μ子。这就把研究体积减小到仅占金字塔总体积的19%。墓室下方或旁边的任何区域都不计入测量仪器的"视界"。但是，阿尔瓦雷斯科学客观的态度值得赞扬，因为他毫不犹豫地公布了一个看似发现了未知墓室的初始判断。

遗憾的是，当我们想要更精确地了解模拟程序中非常重要的各仪器和金字塔的所有数据时，这个强大而持久的信号连同一个较小角度范围内的强大信号一起消失了。（我们此前没有预料到需要如此准确的数据。）提出曾观察到的几个伪像只是为了说明，在整个分析期间，除了"看不到任何东西"之外，我们曾获得过三个非常令人兴奋的信号，但是在我们极力使模拟程序完全符合仪器和金字塔的几何形状时他们消失了。

1974年，由斯坦福研究院领导的美国埃及团队紧随其后，继续这项高科技研究。该团队试图使用探地雷达（Ground Penetrating Radar，GPR）探测吉萨金字塔内的空间。他们的第一个目标又瞄准了哈夫拉金字塔，其缺少通道和墓室的内部仍然吸引着研究人员。本次探测专门研发了一种方法：先通过初步测试以验证该方法切实有效，然后才将一组无线电发射器和接收器安装在哈夫拉金字塔北塔面，另一组安装在哈夫拉金字塔南塔面，最后将一架接收天线放置在安葬室中。实验原理是向金字塔发送电磁波，然后在墓室中将其捕获。无线电信号在固体介质中的传播速度与介质质量成反比，因此，密度的剧烈变化可能会干扰基本信号，从而暗示结构中存在空间或所用材质有变化。遗憾的是，信号强度也会因传播介质减弱（这种衰减以分贝/米表示）。当信号穿过厚重的金字塔抵达墓室时已经异常微弱，无法有效地将其从电源线和其他无线电源造成的无线电噪声中分辨出来。在胡夫金字塔内进行的一次实验也遭遇了相同结果。

十年后，法国建筑师吉勒·多尔米翁和让-帕特里西·戈伊丁领导了一项调查，并充分利用了全球媒体来宣传其进展。1985年，两位独立研究人员对大金字塔的内部墓室进行了视觉测量，得出的结论是，在国王墓室以北有一个未知结构以及一间可能的密室。为了检验这个结论，两人向法国外交部申请了财政援助，并获得了埃及当局允许全面调查的授权。经过进一步研究后，法国外交部联系了专门研究先进科学手段的法国电力公司（Électrité De France，EDF）的研究部门。法国电力公司又促使法国地球物理勘探公司（法文为Compagnie de Prospection Géophysicue，CPGF）参加了该项目，并与当时丈哈迈德·卡德里领导的埃及古物组织合作，进行了有史以来吉萨古迹的首次微重力测量实验。

重力测量法的基础是牛顿的万有引力定律，该定律描述了一个质点对另一个质点的万有引力影响。重力

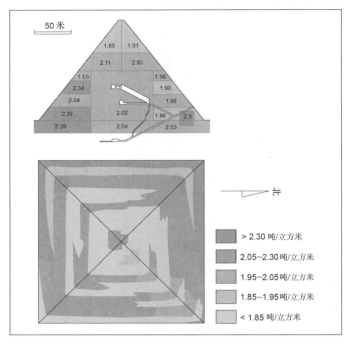

图例：
- > 2.30 吨/立方米
- 2.05~2.30 吨/立方米
- 1.95~2.05 吨/立方米
- 1.85~1.95 吨/立方米
- < 1.85 吨/立方米

上：1986年法国团队对大金字塔所用石料的密度进行的重力测试结果。
（弗兰克·莫尼耶）

是地球施加在包括我们人类在内的相邻物体上的引力场，它的精确值会随着包括海拔在内的多种因素的影响而变化。如果测量位置附近存在次要质量，则其精确值也会略有变化。因而我们可以通过观察连接弹簧的杠杆上的重物位移来检测局部重力的微小变化。将称重机置于真空中并对输出信号进行电子放大，可以提高该方法的精度。

测量于1986年进行，结果发现

水平通道中可能存在质量异常，位置就在大走廊缓步台与王后墓室中点，水平通道以下略偏西处。团队从表面去理解这些结论，并马上计划进行更"实际"的调查。最初的考虑是拆除通道地板和西墙的砌石，进入他们认为的走廊或墓室。幸运的是，他们最终使用了一种更经济的解决方案。1986年末，他们在通道西墙钻了三个小孔，并用内窥镜摄像头观察是否有空隙。三个钻孔（分别命名为S1、S2和S3）柜距1.30米，距地板30厘米，并且呈倾斜状，长约2.55米的孔道两端有30至40厘米落差。

全球媒体都在关注这一行动，并大肆宣扬大金字塔内即将有惊天发现。然而由于钻孔钻到的全是成分不均的坚固砌石，希望很快破灭了。不过从科学上讲，这项调查还是有所收获的，因为它说明，尽管西墙的砌石都是经过精细切割和安装的，但一层砂浆之后全是粗糙的砌石层。另外，钻机曾钻到大量沙子，有10厘米到40多厘米厚，此后又钻到了石灰石砌石。

对沙子的初步分析显示，它不具有高原沙粒的特征，可能来自遥远地区——西奈半岛或阿斯旺附近。其

右：1986年法国团队和1987年日本团队两次测量结果的解释。
（弗兰克·莫尼耶）

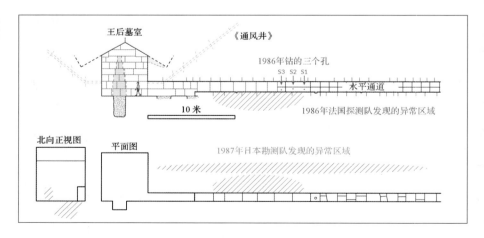

中99%的沙子是直径为100至400微米的粗石英晶粒。虽然此信息是一个有趣的发现，并引出了尚未解决的问题，但大失所望的公众对此并不满意，原本被寄予厚望的发现与钻探的实际结果存在的巨大落差招至四面八方的批评。从那以后，埃及文物部对所有在大金字塔进行涉及物理采样或侵入式探测的项目申请一律拒绝。

然而，该项目不仅限于寻找秘密墓室。法国地球物理勘探公司团队进行了数百次重力测量，成功地生成了整座建筑物的整体密度图。他们的结论令人惊讶。金字塔的密度比此前预想的要低，平均密度约为2 050千克/立方米，这说明金字塔的大部分是由当地石灰石、碎石填充的，甚至可能还有些沙子填充的空隙。狭小空间的存在是可能的。最终的质量分布图显示该结构由多个不同密度的区域组成，似乎有一个阶梯状内部结构，以及一处可能的微螺旋形构造。

次年（1987年），日本早稻田大学吉村幸二领导一支科考队，获许探测通向王后墓室的水平通道以验证法国团队的结果。日本团队同时使用了微重力成像和雷达探测装置，以便交互引用两种方法和数据。他们再次取得了令人兴奋的结果，因为他们显然发现了与现有通道平行但向西延伸的第二条通道。不过他们未被允许对该地区进行任何实际调查，因为埃及官方对前一年的失望和批评仍心有余悸。

吉勒·多尔米翁后来表示，让-皮埃尔·巴龙在2000年对该区域进行的雷达探测并不支持先前的发现。通道或王后墓室附近没有未知结构。遗憾的是，从来没有人对这些相互矛盾的结果进行对比分析，以弄清是什么原因导致人们得出虚假结果，从而帮助校准和改进将来的探测。

与此同时，1987年，一支由美国和埃及科学家组成的国际团队在主建筑以外进行了调查，以确定大金字塔以南的第二个船坑中到底有什么。他们确认这里埋着第二艘被拆卸的船，与已经重建的那艘很相似。他们还对空气质量进行了测量，以评估将其取出的危险。这些只是第一步，2011年他们将这艘船从船坑中移出，随后在吉萨以北的大埃及博物馆新实验室内开始对其重建。

1990年，由于来此旅游的游客日益增多，埃及文物部决定在大金字塔中安装通风系统。大约在同一时间，一位名叫鲁道夫·甘滕布林克的德国工程师联系了古埃及学家赖纳·施塔德尔曼，希望施塔德尔曼能帮助他研究观星井和通风井，这引起了施塔德尔曼的兴趣。1992年，扎希·哈瓦斯批准甘滕布林克进行调查，但条件是他需借助国王墓室的通风井安装通风管道，将空气循环到墓室和通道中。

下：乌普奥特2号机器人3D图。
（弗兰克·莫尼耶）

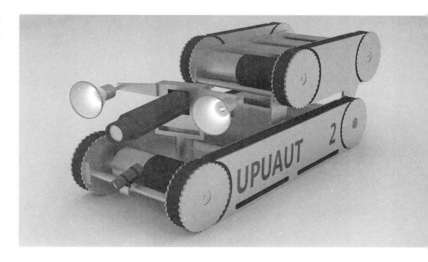

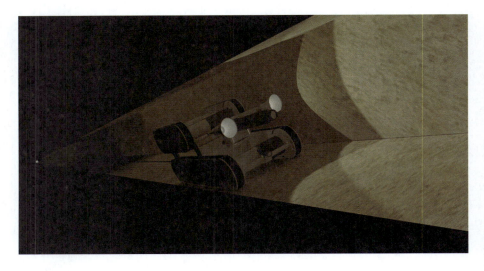

右：1993年乌普奥特2号机器人在王后墓室南竖井中前行的3D效果图。（弗兰克·莫尼耶）

这次项目以神话中引领法老进入来世的犬头神（译者注：原文中用了犬，但乌普奥特是豺头）的名字被命名为"乌普奥特项∃"。甘滕布林克在1992年至1993年间研制出三款不同的微型机器人，以清理管道、准确测量管道并最终确定王后墓室的管道尽头。装备有履带和微型相机的乌普奥特2号机器人成功到达了王后墓室南竖井的尽头，并向世界展示了接下来的路被一块小石灰石板挡住，石板上还有两个小铜钉突起。然而，北竖井增加的曲折拐弯以及20世纪初埃

德加兄弟卡在里面的长金属杆，使机器人仅行进了20多米就止步了。在当时，没有人想到人们对石灰石"门"后的内容会讨论将近20年，而且在各种调查背后真相的过程中将大量使用机械技术并被媒体广泛关注。扎希·哈瓦斯确信在这块小石板后隐藏了某个房间，并征求能穿过它同时最小伤害金字塔的创新方案。

2002年，波士顿iRobot公司在国家地理频道的赞助下进行了新探测。他们的机器人"金字塔漫游者"也装有履带，但是额外配备了钻头，以在石板上钻孔；另有一架微型摄像机，可以将其插入孔中。

整个探测过程通过全球电视网络进行现场直播，若期待的发现出现，则机器人的冲击力将发挥至最大。机器人的性能完全符合设计要求，并一路抵达管道末端。它在仅有5厘米厚的石灰石板上钻了一个洞，放入它的摄像机，并拍摄了另一侧的情景。图像显示，另一侧是一个很小的空间，是现有竖井的延伸，不超过19厘米长，在其末端有另一块石灰石砌石，

下：1993年乌普奥特2号机器人抵达南竖井"门"的3D效果图。（弗兰克·莫尼耶）

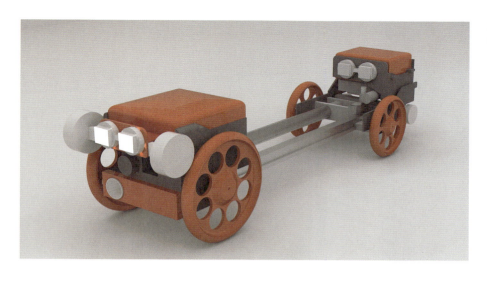

左："杰迪漫游者"
机器人3D图。
（弗兰克·莫尼耶）

但这块砌石切割得更粗糙。摄像机无法转向侧面，因此实际上几乎看不到这个小空间的细节，但是看到的一切都表明竖井没有延伸到小空间之外。

随后，探测转至北竖井继续进行。这次，机器人能够爬过曲折的拐弯和早期探索者留下的障碍物。同样，竖井的末端是一块装饰有两个铜钉的平板，其位置与南竖井的"门"完全相同。

扎希·哈瓦斯并没有感到沮丧，而是立即号召人们研制另一款能观察到"金字塔漫游者"发现空间的所有细节的机器人。

罗伯特·理查森领导的利兹大学团队最终获得了进行此项探测的许可。他们开发的新机器人"杰迪漫游者"与以前的机器不同，它不是用履带，而是用轮子行进。它配备了回声测深器，并在关节杆末端安装了一个摄像头，能看向所有方向。这个机器人最后一次探索于2011年进行，并达成了目标。它在南竖井的石板后面拍摄了整个空间。图像显示了古代金字塔修建者留下的几处红色建筑标记，以及铜紧固系统的细节。此次任务为20年的机器人探测王后墓室井道活动画上了句号。

这些探测是各种新技术的实验场，也是刺激埃及旅游业的全球媒体宣传。参与的媒体公司可以出售转播权，并制作了广销海外的多部纪录片。随着新千年的开启和互联网的发展，高科技研究项目与全球受众之间的联系只会越发紧密。

近年来，古埃及学发展最快的重要领域之一就是高地古建筑群的成像、扫描和3D建模领域。由马克·

下："杰迪漫游者"
将摄像头伸入南通风
井"门"后观察的
3D效果图。
（弗兰克·莫尼耶）

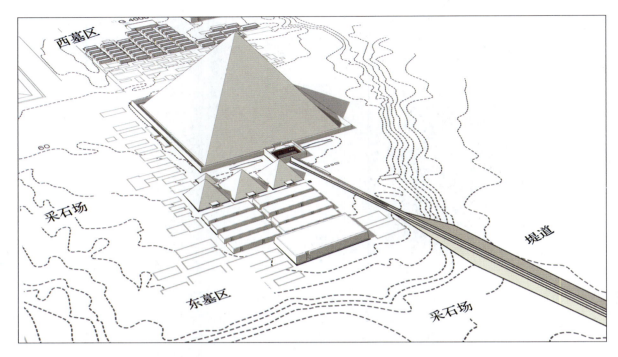

西墓区

G 4000

60

采石场

东墓区

采石场

堤道

上：大金字塔建筑群3D模拟。自20世纪以来，3D工具已成为科学研究和出版工作的重要方法。（弗兰克·莫尼耶）

下：扫描金字塔项目的科学家使用的μ子检测器的安装位置。白点部分就是推测的异常之处。（弗兰克·莫尼耶）

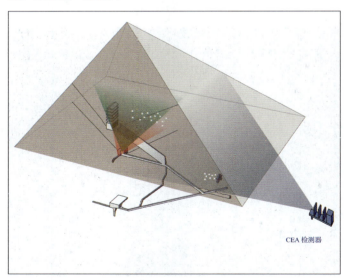

CEA 检测器

莱纳领导的吉萨地图项目团队在吉萨率先开展了这项工作。他们将高精度勘测结果与计算机建模软件相结合，生成了最早的全高地3D模型。这些模型的图像都收入了莱纳1997年的著作《完整的金字塔群》中，它随即成为全球畅销书。

维也纳考古科学研究所是第一个使用数字激光扫描技术生成高分辨率模型的团队。他们将大金字塔和狮身人面像的地面激光扫描与高分辨率数字摄影测量技术相结合，生成了金字塔的高分辨率、拟真的3D数字地形模型。图像内容非常细致，可作为考古资料和金字塔当时状态的记录。该项目由曼弗雷德·柏德教授和沃尔夫冈·纽鲍尔博士指导，两人担任实地主管。

新千年的前十年里，为展示其3D模拟软件的潜力，法国达索系统公司开始与建筑师让-皮埃尔·侯丁合作，对他的内部螺旋坡道理论进行建模。虽然人们没找到任何可靠的考古证据来支持这一理论，但他们制作的模型将人类对大金字塔的建筑模拟能力提高到了新层次。从那时起，达索系统公司就一直与哈佛大学的闪族博物馆团队合作进行数字吉萨项目，使这种3D模拟更加真实，并可供公众在线使用。

2015年，达索系统公司的迈赫迪·塔尤比和开罗工程学院的哈尼·希拉勒教授与多家公司与大学合作成立了遗产创新保护（Heritage Innovation Preservation，HIP）研究所，并发起了扫描金字塔工程。他们的目的是开展一系列扫描项目，借助创新技术和非侵入性技术分析四个最大的金字塔，来发现任何未知的墓室或内部空间。他们使用摄影测量、激光扫描、热成像技术和层析成像技术来研究各结构。首先扫描的是弯曲金字塔。名古屋大学的科学家在2015年秋天进行了层析成像，在最低的墓室中安装了40个核乳胶探测板，并接受了40多天的μ子撞击。大埃及博物馆的实验室被用作分析结果的基地。在对比了GEANT4粒子模拟收集的数据后（数据基于已知建筑已生成的预期结果模型），参与项目的科学家得出结论：除了目前已知的墓室外，弯曲金字塔中没有其他墓室。第一个

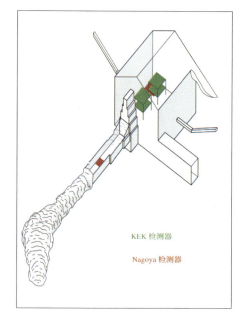

KEK 检测器

Nagoya 检测器

任务结束后 2016年，代赫舒尔的"扫描金字塔"任务时间被缩短，以将精力全部用于胡夫金字塔的扫描。

扫描金字塔团队已经用红外热成像技术扫描了胡夫的大金字塔，并向全球媒体宣布，在金字塔东塔面脚下取得一个重要发现。有两个砌石比周围砌石产生的热量明显更多，这可能说明通道就藏在它们后面。这一消息立即重新点燃了暗藏墓室和宝藏的希望。但最终人们发现异常热量是不久前进行的加固整修的结果。隐藏空间的存在被迅速否定，围绕收集数据的解释和传播问题也迅速被抛弃。

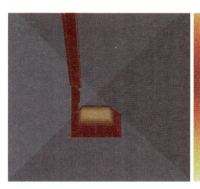

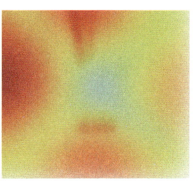

深度（米）

0.0   1.0   2.0米
S = 1 / 50

上：摄影测量法制作的大金字塔东北角上的"缺口"的拟真横截面效果图。（PEAKIT图由LANG公司、日本TV Man Union公司吉萨3D勘测项目制作）

名古屋大学团队首次将μ子成像探测板安装在下行通道上段后，吉萨探测项目持续到了2016年。几周后探测板被取出并进行分析，随后团队向全球媒体宣布，在下行通道上方的入口拱顶后发现了微弱的质量缺失。项目负责人将其解释为一个空间，可能该地点有一条隐藏的通道。2017年进行的其他测量似乎证实了这些结果。在同一时期，层析成像设备被搬至王后墓室并设置了两组乳胶板，一套在墓室西侧，另一套在墓室东墙内壁龛后的隧道中。

日本高能加速器研究机构（KEK研究所）还在同一墓室内安装了μ子检测闪烁体测迹仪。最后，法国研究机构原子能和替代能源委员会（Alternative Energies and Atomic Energy Commission，CEA）在建筑物入口外安装了一个μ子望远镜，该望远镜指向北塔面，靠近团队先前发现的低密度区域。这些测量的结果发表在2017年10月的《自然》杂志

上，并被再次视为另一重大发现，但与先前宣布的入口拱顶发现不同。文章的结论是，三个团队各自进行的独立测量显示，大走廊上方约20米处存在一个30米长（最小）的空间，他们将其标为大虚空。估计它与大走廊位于同一垂直平面，并同样宽敞，他们立即制订计划，要建造一个微型飞行机器人对隐藏空间进行调查。

然而，包括扎希·哈瓦斯在内的许多经验丰富的古埃及学者对新"发现"表示怀疑。考虑到中心声明的重要性，考虑到其他埃及金字塔的类似位置都没有此类空间，更考虑到近来已有大量考古数据被误读或过早宣布为重大新发现，这种怀疑态度很是明智。目前调查仍在继续，可能很快会澄清，也可能会得到无可争议的结果，证明该大虚空不存在或当真存在。扫描金字塔项目也有望测试让–皮埃尔·侯丁关于内部螺旋坡道的理论。

在这一大金字塔的项目引发媒体关注和科学讨论的同时，其他科学

家、古埃及学者和独立研究人员继续努力，以更好地了解这座著名古迹。2006年，英国莱斯特大学的埃琳·内尔和克莱夫·拉格尔斯进行了为期一周的全站仪勘测，研究大金字塔及其附属古迹的方位。美国工程师格伦·达什还对金字塔面的外部尺寸和方向进行了极其精确的激光测量，并研究了用于实现这些精确定向的古老天文方法。

日本古埃及学家川江幸则对金字塔东北边缘的凹口进行了新的摄影测量。这种方法可以将不同角度拍摄的照片重建为3D建筑模型，理论精度为毫米级。它使系统地记录复杂和难以接触的结构（如缺口）成为可能。川江还对建筑物的整个外表面进行了摄影测量扫描。

除了吉萨高地和最新的高科技仪器外，古埃及学者和考古学家遵循一种更传统的方法，在发现有关大金字塔信息方面继续取得重大进展。跑腿工作、挖掘工作、案头工作和国际学术合作仍然是诸如希拉孔波利斯发掘项目等的主要手段。希拉孔波利斯项目最初由迈克尔·霍夫曼和芭芭拉·亚当斯领导，后来由勒妮·弗里德曼领导。在过去的四分之一世纪里，他们逐渐揭开了希拉孔波利斯法老王朝的早期历史，霍夫曼将希拉孔波利斯人称为"最早的埃及人"。

但是，近年来关于大金字塔最著名的发现，无疑是巴黎第四大学的皮埃尔·塔莱和芝加哥东方学院的格雷戈里·马努阿尔德领导的团队在红海西海岸瓦迪－雅尔夫发掘古王国时期港口时，发现的包括《梅勒日记》在内的纸草书卷。这是近年来最令人

惊叹的发现，其中包含的文字为了解大金字塔的建造活动提供了鲜活的资料。胡夫时期工地现场的石凿仓库和其他建筑物的发掘，也为我们了解古王国时期增加了新的信息。

上述所有历史学家、古埃及学家、考古学家、科学家和数字技术专家都值得我们感激，正是由于他们，我们才能有一系列严谨的数据、详细的描述记录和图像以及深刻而有意义的解释可参考查阅，这些都有助于我们更好地了解这座庞大的世界遗产，这座仅存的古代奇迹。

上：格伦·达什用一架激光全站仪勘测吉萨。他已经用此类仪器对周边古迹进行了高精度测量。
（格伦·达什、日本TV Man Union公司吉萨3D勘测项目）

下：大金字塔东北角的"缺口"内部。
（PEAKIT图由LANG公司、日本TV Man Union公司吉萨3D勘测项目制作）

附录一
埃及历史年表

出自Hornung、Krauss和Warburton于2006年出版的《古埃及年表》。古王国时期文物的最新碳14测年表明，这些日期应稍做修改。胡夫登基时间可能早于此表中所示的日期，即公元前2629年至公元前2558年〔Ramsey et al.，*Science* 328（2010），P.1556〕。所有日期均为公元前。

早王朝时期		公元前2900—公元前2545年
第一王朝		
	纳尔迈	公元前2900—公元前？年
	阿哈	公元前？—公元前2870年
	哲尔	公元前2870—公元前2823年
	"蛇王"（即杰特）	公元前2822—公元前2815年
	登	公元前2814—公元前2772年
	阿笞杰泊	公元前2771—公元前2764年
	瑟莫赫特	公元前2763—公元前2756年
	卡	公元前2755—公元前2732年
第二王朝		
	霍特普塞海姆威	公元前2730—公元前？年
	拉内布	公元前？—公元前2700年
	尼内特吉	公元前2700—公元前2660年
	伯里布森	公元前2660—公元前2650年
	塞克赫米布	公元前2650—公元前？年
	塞涅德	公元前？—公元前2610年
	哈塞汉姆威	公元前2610—公元前2593年
第三王朝		
	左塞尔（奈杰旦赫特）	公元前2592—公元前2566年
	塞汉赫特	公元前2565—公元前2559年
	卡巴（？）	公元前2559—公元前？年
	萨那赫特（？）	公元前？—公元前？年
	胡尼	公元前？—公元前2544年
古王国时期		公元前2543—公元前2120年
第四王朝		
	斯尼夫鲁	公元前2543—公元前2510年
	胡夫	公元前2509—公元前2483年
	杰德夫拉	公元前2482—公元前2475年
	巴卡（？）	公元前2474—公元前2473年
	哈夫拉	公元前2472—公元前2448年
	孟卡拉	公元前2447—公元前2442年
	谢普塞斯卡弗	公元前2441—公元前2436年
第五王朝		
	乌瑟卡夫	公元前2435—公元前2429年
	萨胡拉	公元前2428—公元前2416年
	内弗尔卡拉	公元前2415—公元前2405年
	奈弗里弗拉	公元前2404年

谢普塞斯卡拉	公元前2403年
纽塞拉	公元前2402—公元前2374年
门卡霍尔	公元前2373—公元前2366年
杰德卡拉	公元前2365—公元前2322年
乌纳斯	公元前2321—公元前2306年
第六王朝	
特提	公元前2305—公元前2279年
乌瑟卡拉	公元前？—公元前？年
佩皮一世	公元前2276—公元前2228年
迈兰拉	公元前2227—公元前2217年
佩皮二世	公元前2216—公元前2153年
第一中间期	**公元前2152—公元前1980年**
［第七（？）、八王朝到第十王朝］	
中王国时期	**公元前1980—公元前1760年**
（第十一王朝到第十二王朝）	
第十二王朝	
阿蒙涅姆赫特一世	公元前1939—公元前1910年
辛努塞尔特一世	公元前1920—公元前1875年
阿蒙涅姆赫特二世	公元前1878—公元前1843年
辛努塞尔特二世	公元前1845—公元前1837年
辛努塞尔特三世	公元前1837—公元前1819年
阿蒙涅姆赫特三世	公元前1818—公元前1773年
（第十三王朝到第十七王朝）	
新王国时期	**公元前1539—公元前1077年**
（第十八王朝到第二十王朝）	
第十八王朝	
雅赫摩斯一世	公元前1539—公元前1515年
阿蒙霍特普一世	公元前1514—公元前1494年
图特摩斯一世	公元前1493—公元前1483年
图特摩斯二世	公元前1482—公元前1480年
图特摩斯三世	公元前1479—公元前1425年
哈特谢普苏特	公元前1479—公元前1458年
阿蒙霍普特二世	公元前1425—公元前1400年
图特摩斯四世	公元前1400—公元前1390年
阿蒙霍特普三世	公元前1390—公元前1353年
阿蒙霍特普四世（埃赫那吞）	公元前1353—公元前1336年
图坦卡蒙	公元前？—公元前1324年
伊特努特·阿伊	公元前1323—公元前1320年
哈伦海布	公元前1319—公元前1292年
第十九王朝	
拉美西斯一世	公元前1292—公元前1291年
塞提一世	公元前1290—公元前1279年
拉美西斯二世	公元前1279—公元前1213年
麦伦普塔赫	公元前1213—公元前1203年
第三中间期	**公元前1076—公元前723年**
（第二十一王朝到第二十四王朝）	
后期	**公元前722—公元前332年**
（第二十五王朝到第三十王朝）	

金字塔建造者的语言和文字

符号	字母
	A
	'A
	B
	D
	i
	F
	G
	H
	H
	KH
	KH
	J/DJ
	K
	K/Q
	M
	N
	O/UA
	P
	R
	R/L/RW
	S
	T
	U or W
	SH
	Z
	Y

符号	含义
	金字塔
	男神
	美丽的、纯洁的/零
	荷鲁斯的追随者
	倾斜的
	生命环绕着他
	地平线
	光
	城/镇
	太阳神
	皇家的
	王名框
	伊乌努（赫利奥波利斯）祭司
	灵魂/生命力
	书吏
	下埃及的红王冠
	上埃及的白王冠
	全埃及的双冠
	生命
	权力
	稳定
	表示全体的名字
	和平/供奉
	神鹰
	皇制或官制的肘尺
	真实的声音

埃及语是埃及的原始语言，它属于名叫非亚语系的语族，并且与诸如柏柏尔语的北非语言，以及诸如阿拉伯语和希伯来语的亚洲/犹太语有关。它最早出现在公元前3200年至公元前3300年。古埃及语是该语言中已知最早阶段的名称，第四王朝金字塔建造者就使用该语言。

古埃及语的书写系统由大约500个常见符号组成，现在被称作象形文字。象形文字最早作为一套完整的、独立的文字出现在前王朝时期的埃及，但是大量文本仅在古王国时期出现。象形文字可以写在陶器上、刻在石墙和象牙上，也可以写在用扁平莎草茎制成的纸上。

读写是少数受过训练的书吏和管理人员掌握的专业技能。2013年在瓦迪-雅尔夫发现的《梅勒日记》是已知在纸莎草纸上书写大量文字的最早实例。在古代末期，阅读象形文字的能力失传。法国学者让-弗朗索瓦·商博良在多方帮助下于1824年破译该系统。

象形文字由意符、音符和限定符组成。意符直接表示它们所指的义项。音符表示一个或多个可以与其他音节成组以构成一个词的音节。限定符是在成组的音符后指明表达哪类意思的字符，如城镇。文本可以朝任何方向书写，但动物字符通常"看"向的是句子的开头。基础字母左列是代表单音节的单音符，右列是双音符、三音符以及古王国时期使用的名称和符号示例。

参考文献

［1］ARNOID D. Building in Egypt： Pharaonic Stone Masonry. New York/ Oxford： Oxford University Press, 1991.

［2］EDWARDS I ES. The Pyramids of Egypt. Penguin: 1986.

［3］Ahmed Fakhry. The Pyramids. Chicago： University of Chicago Press, 1961.

［4］HASSAN S. The Great Pyramid of Khufu and its Mortuary Chapel, Excavations at Giza. Season 1938–39, vol. X. Cairo： Government Press, 1960.

［5］KLeMM D, KLeMM R. The Stones of the Pyramids. Provenance of the Building Stones of the Old Kingdom Pyramids of Egypt. Berlin/New York： De Gruyter, 2010.

［6］LEHNER M. The Complete Pyramids. London： Thames & Hudson, 1997.

［7］LEHNER M, HAWASS Z. Giza and the Pyramids. Cairo/New York： The American University in Cairo Press, 2017.

［8］MARAGIOGLID V, RINALDI C. L'Architettura delle piramidi Menfite. Parte IV, La Grande piramide di Cheope, Rapallo, 1965 （Italian text and English translation）.

［9］PETRIE W M F. The Pyramids and Temples of Gizeh–2nd Edition from 1885 Republished in a New and Revised Edition with an Update by Zahi Hawass. London： Histories and Mysteries of Man Ltd, 1990.

［10］REISNER G A. A History of the Giza Necropolis, I, Harvard University Press: Cambridge, 1942.

［11］STOCK D A. Experiments in Egyptian Archaeology. Stoneworking Technology in Ancient Egypt, London/New York： Routledge, 2003.

［12］STRUDWICK N C. Texts from the Pyramid Age, Atlanta： Society of Biblical Literature, 2005.

［13］VERNER M. The Pyramids： The Mystery, Culture, and Science of Egypt's Great Monuments, New York： Grove Press, 2001.

［14］VYSE R W H. Operations Carried on at the Pyramids of Gizeh in 1837: with an account of a voyage into Upper Egypt, and an Appendix, I and II, London： James Fraser, 1840.

［15］VYSE R W H. Operations Carried on at the Pyramids of Gizeh in 1837: with an account of a voyage into Upper Egypt, and an Appendix, III, Appendix containing a Survey by J. S. Perring of the Pyramids at Abou Roash, and to the southward, including those in the Faiyoum, London： James Fraser, 1842.

［16］ZIEGLER C. Dorothea Arnold and Krzysztof Grzymski （eds.）, Egyptian Art in the Time of the Pyramids, Paris/New York/Toronto, 1999.

致　谢

非常感谢以下人员对本书的顺利出版所提供的帮助。感谢戴维·伍兹和史蒂夫·伦德尔促成了本书的海恩斯项目。感谢桑德拉·罗森达尔、林赛·莱特博迪以及塔西·杰弗里·约翰为本书编辑和润色。感谢古埃及研究协会(AERA)、瓦莱利·安德洛索夫、乔恩·波兹沃斯、帕特里克·查普伊斯、布拉格捷克古埃及研究所、格伦·戴什、布鲁诺·德朗德、保罗·迪·帕斯夸莱、西尔维·法夫尔·布莱恩、保罗－弗朗索瓦、丽塔·弗里德、詹姆斯·哈雷尔、法国东方考古学会（IFAO）、川仁幸则、奥德朗·拉布鲁斯、米歇尔·米歇尔、米歇尔·桑丘、圣·马可大教堂管理处及皮埃尔·塔莱为本书提供了插图。

196

专业术语及惯例

本书纪年全部使用BC和AD体系。对于书中测量数据的单位，除非采用被引用的出版物中的单位（比如英尺和英寸），或者正在研究的某建筑建造时是以古埃及肘尺为单位的，其他数据的单位全部采用国际公制系统。

1肘尺=7掌=28指

1肘尺=0.5237米=20.62英寸

（因所处时期和用途可能会有些许出入）

1英寸=2.54厘米

注：肘尺是古代的一种长度测量单位，等于从中指指尖到肘的前臂长度，约等于43至56厘米。

用英语释义指代古埃及民族及翻译其他来自古埃及语的词时经常会遇到难题。在古埃及象形文字被破译前，英语出版物中广泛采用它们的古希腊名字。这就是为什么在早期出版物中经常将大金字塔的主人称为基奥普斯。本书对大金字塔主人的名字全部使用更现代的译名"胡夫"，这是从古埃及象形文字直接译出来的名字。

本书中大量使用法老一词来指代上下埃及的统治者，另外也用到了君主这个词。事实上，法老这个称呼在古王国时期并不用。同理，君主是个英语词汇，从来没在古埃及用过，并且古埃及法老体系的本质也与后来的君主体系完全不同。英语单词"法老"特指埃及王朝时期的统治者，另外这个词还能彰显政治和宗教统治体系的独特气质。